Psychotherapie: Fort- & Weiterbildung

Willkommen zur Buchreihe "Psychotherapie: Fort- & Weiterbildung". Diese Reihe wurde für all diejenigen geschaffen, die sich in der Psychotherapie fort- und weiterbilden möchten. Unsere Bücher bieten einen umfassenden Überblick über und vertieftes Wissen zu allen relevanten Themen der Fort- und Weiterbildung in der Psychotherapie. In unseren Werken finden Sie fundierte Informationen zu verschiedenen therapeutischen Ansätzen auf dem aktuellsten Stand der Psychotherapieforschung sowie etablierte wie auch innovative Techniken. Wir decken ein breites Spektrum an Themen aus unterschiedlichen Perspektiven ab, je nachdem in welchem psychotherapeutischen Verfahren Sie Ihr Wissen vertiefen möchten: von der kognitiven Verhaltenstherapie, psychodynamischen Therapien, systemischer Therapie, achtsamkeitsbasierten Verfahren und vielem mehr. Unsere Autor:innen sind erfahrene Fachleute und Dozent:innen aus der Welt der Psychotherapie, die ihr Fachwissen und ihre Erfahrungen mit Ihnen teilen möchten. Sie führen Sie durch komplexe Konzepte und Methoden und zeigen Ihnen, wie Sie sie in Ihrer eigenen therapeutischen Praxis anwenden können. Darüber hinaus bieten unsere Bücher praktische Übungen, Fallstudien und Anleitungen zur Reflexion, um Ihnen zu helfen, Ihr Verständnis zu vertiefen und Ihre Fertigkeiten weiterzuentwickeln. Wir legen Wert darauf, dass unsere Werke nicht nur informativ, sondern auch inspirierend und praxisnah sind. "Psychotherapie: Fort- & Weiterbildung" ist eine unverzichtbare Ressource für alle, die ihr Wissen und ihre Fertigkeiten in der Psychotherapie erweitern möchten. Ob Sie eine erfahrene Therapeutin sind, die ihr Fachwissen vertiefen möchte, oder ein Einsteiger, der sich einen umfassenden Überblick über das Feld verschaffen möchte – unsere Buchreihe bietet Ihnen alles, was Sie brauchen, um erfolgreich in der Psychotherapie zu arbeiten.

Sonja Wahl

Ziele in der Psychotherapie

Wie man durch den flexiblen Einsatz von Zielen Psychotherapie effizienter gestalten kann

Sonja Wahl
Freiburg, Deutschland

ISSN 3059-2836   ISSN 3059-2844 (electronic)
Psychotherapie: Fort- & Weiterbildung
ISBN 978-3-662-70255-0   ISBN 978-3-662-70256-7 (eBook)
https://doi.org/10.1007/978-3-662-70256-7

Die Deutsche Nationalbibliothek verzeichnet diese Publikation in der Deutschen Nationalbibliografie; detaillierte bibliografische Daten sind im Internet über https://portal.dnb.de abrufbar.

© Der/die Herausgeber bzw. der/die Autor(en), exklusiv lizenziert an Springer-Verlag GmbH, DE, ein Teil von Springer Nature 2025

Das Werk einschließlich aller seiner Teile ist urheberrechtlich geschützt. Jede Verwertung, die nicht ausdrücklich vom Urheberrechtsgesetz zugelassen ist, bedarf der vorherigen Zustimmung des Verlags. Das gilt insbesondere für Vervielfältigungen, Bearbeitungen, Übersetzungen, Mikroverfilmungen und die Einspeicherung und Verarbeitung in elektronischen Systemen.

Die Wiedergabe von allgemein beschreibenden Bezeichnungen, Marken, Unternehmensnamen etc. in diesem Werk bedeutet nicht, dass diese frei durch jede Person benutzt werden dürfen. Die Berechtigung zur Benutzung unterliegt, auch ohne gesonderten Hinweis hierzu, den Regeln des Markenrechts. Die Rechte des/der jeweiligen Zeicheninhaber*in sind zu beachten.

Der Verlag, die Autor*innen und die Herausgeber*innen gehen davon aus, dass die Angaben und Informationen in diesem Werk zum Zeitpunkt der Veröffentlichung vollständig und korrekt sind. Weder der Verlag noch die Autor*innen oder die Herausgeber*innen übernehmen, ausdrücklich oder implizit, Gewähr für den Inhalt des Werkes, etwaige Fehler oder Äußerungen. Der Verlag bleibt im Hinblick auf geografische Zuordnungen und Gebietsbezeichnungen in veröffentlichten Karten und Institutionsadressen neutral.

Planung/Lektorat: Wiebke Wuerdemann
Springer ist ein Imprint der eingetragenen Gesellschaft Springer-Verlag GmbH, DE und ist ein Teil von Springer Nature.
Die Anschrift der Gesellschaft ist: Heidelberger Platz 3, 14197 Berlin, Germany

Wenn Sie dieses Produkt entsorgen, geben Sie das Papier bitte zum Recycling.

Dank

Dieses Buch ist das Ergebnis eines langen Prozesses, auf den viele Menschen in der ein oder anderen Weise Einfluss genommen haben. Ich möchte mich beim Springer-Verlag und besonders bei Wiebke Würdemann für ihre Anleitung und Unterstützung bedanken. Ein Dank geht an Bettina Lohmann und meine gesamte IFT-Supervisions-Ausbildungs-Gruppe für spannende komplexe Diskussionen während unserer Ausbildung und danach, die mir den Stellenwert von zielorientiertem Arbeiten erst richtig klargemacht haben. Vielen Dank an Daniel Kopp und Anne Leonhardt-Schmidt für inhaltliche Rückmeldungen zum Manuskript und vor allem ihre Motivierung und Bestärkung in Phasen, in denen die Motivation zur Zielerreichung für dieses Buchprojekt brüchig war. Von Frauke Eibner habe ich in unserem gemeinsamen Seminar über Therapieziele viel Grundlegendes gelernt, vielen Dank dafür und für die Möglichkeit, das Seminar mit Dir gemeinsam durchzuführen. Danke an Martin Neher für die Erlaubnis, seine Seminarunterlagen zitieren und nutzen zu dürfen und Dank an Martin Grosse Holtforth für die Bereitstellung des Berner Inventars für Therapieziele. Florian Braune danke ich für inspirierende Gespräche auf langen Spaziergängen zu fachübergreifenden Aspekten von zielorientiertem Arbeiten. Ohne das Vertrauen meiner Patientinnen und Patienten und meiner Supervisandinnen und Supervisanden wäre dieses Buch nicht möglich gewesen, sie haben mir überhaupt den Anstoß für dieses Buch gegeben und Inhalte für die Fallbeispiele geliefert. Die genannten Beispiele sind aber jeweils so weit inhaltlich verfremdet, dass Bezüge zu den dahinterstehenden Personen nicht mehr möglich sein sollten. Zum Schluss danke ich meiner Familie für alles – Ihr seid meine Kraftquelle, die solche zusätzlichen Projekte wie dieses Buch überhaupt erst ermöglichen.

Inhaltsverzeichnis

1 **Einführung** 1
   Literatur. 3
2 **Eine kurze Übersicht über den theoretischen Hintergrund zu Therapiezielen** 5
   Literatur. 9
3 **Gemeinsame Zielfestlegung vs. Zielorientierung im Hintergrund** 11
   Literatur. 13
4 **Warum Therapieziele wichtig sind** 15
   4.1 Gründe für jede Art von Zielorientierung 15
   4.2 Gemeinsam mit dem Patienten festgelegte Ziele 16
   Literatur. 23
5 **Kriterien für gute Therapieziele** 25
   5.1 Spezifische Therapieziele 26
   5.2 Messbare Therapieziele 27
   5.3 Erreichbare Therapieziele 27
   5.4 Angemessene Therapieziele 29
   5.5 Zeitlich festgelegte Therapieziele 30
   5.6 Attraktive Therapieziele 31
   5.7 Annäherungs- statt Vermeidungsziele 32
   5.8 Patientinnen, die nicht in der Lage sind, Ziele festzulegen ... 33
   Literatur. 38
6 **Das 1x1 der Zielfestlegung** 39
   6.1 Zeitpunkt 39
   6.2 Therapieziele festlegen 40
   6.3 Anzahl an und Priorisieren von Therapiezielen 41
   6.4 Zusammenhang zwischen Zielen und Interventionen 43

	6.5	Festlegung des Behandlungsplans	44
	6.6	Potenzielle Veränderbarkeit von Zielen miteinplanen	44
		Literatur	45
7	**Einführung in das Goal Attainment Scaling**	47
	7.1	Vorteile und Nachteile des *Goal Attainment Scaling*	48
	7.2	*GAS* – Schritt für Schritt erklärt	48
		Literatur	63
8	**Alternative Strategien für die Arbeit mit Zielen**	65
	8.1	Reduziertes *GAS*	66
	8.2	„Der rote Faden" – Auflistung von Zielen oder Problembereichen auf Flipchart als roter Faden in der Psychotherapie	67
	8.3	Einstieg über „zu große" Ziele	69
	8.4	Ziele schrittweise herunterbrechen oder „Was wäre der nächste Schritt?"	72
	8.5	Einsatz von Fragebogen	73
	8.6	Einsatz von Imaginationen und anderen kreativen Techniken	79
	8.7	Arbeit an Zielen mit Zeitlinien	83
	8.8	Den Psychotherapieverlauf als Geschichte formulieren	83
	8.9	Arbeit mit Metaphern in der Zielfindung	84
	8.10	Mikroziele für jede Stunde festlegen	86
	8.11	Es ist nie zu spät – Zielbesprechung ist immer möglich und darf flexibel sein	87
		Literatur	88
9	**Der psychotherapeutische Stellenwert von Werten und der Zusammenhang mit Therapiezielen**	89
		Literatur	91
10	**Problematische Therapieverläufe durch Schwierigkeiten in der Zielfestlegung**	93
		Literatur	104
11	**Therapieziele in Dritte-Welle-Psychotherapien**	105
	11.1	Therapieziele in der Schematherapie	106
	11.2	Therapieziele in der Interpersonellen Therapie	107
	11.3	Therapieziele in der Acceptance and Commitment-Therapie (ACT)	107
	11.4	Therapieziele in der *EMDR*-Therapie	108
	11.5	Therapieziele in der *CBASP*-Therapie	109
	11.6	Therapieziele in der emotionsfokussierten Therapie (EFT)	109

	11.7	Therapieziele in der MBCT und anderen achtsamkeitsbasierten Verfahren	110
	11.8	Zusammenfassung	111
	11.9	Lösungsvorschlag	113
	Literatur		114
12	**Abschluss**		**117**
	Literatur		119

Einführung

1

▶ **ZIEL** *Verstehen, wozu dieses Buch gut sein könnte.*

Zielorientierung ist ein hochrelevantes, aber in vielen Bereichen immer wieder und, wie mir scheint, in jüngerer Zeit immer weiter vernachlässigtes Thema in der Psychotherapie. Gerade in der Verhaltenstherapie war die Ausrichtung bis in die 90er-Jahre deutlich zielfokussiert (s. z. B. Kanfer et al., 2012). Mit Weiterentwicklungen der dritten Welle der Verhaltenstherapie scheint das Thema Zielfestlegung und zielorientiertes Arbeiten mehr und mehr in den Hintergrund zu rücken. Es scheint oft näher zu liegen, bei Psychotherapie direkt an Inhalte zu denken: Diagnose, Interventionen, Störungsmodell, biografische Informationen. Therapieziele gehören in den Bereich „Struktur", der oft bei Kolleginnen eher unbeliebt ist, manchmal als lästig angesehen wird. In der Supervision erlebe ich oft, dass der Leidensdruck der Patientinnen unmittelbar auffordernd auf die jungen Kolleginnen wirkt, sie wollen helfen, Leid reduzieren, schnell Besserung für den Patienten erzielen. Das ist sehr verständlich und etwas, das alle Kolleginnen sicher gut kennen. Wenn in der Ausbildung dann erwartet wird, dass mit den Patientinnen zuerst Ziele besprochen und festgehalten werden sollen, ist das oft unbeliebt. Patienten wiederum wollen Hilfe bei ihren Problemen, keine Diskussion über theoretisch mögliche Ergebnisse in der Zukunft und verstärken damit unbeabsichtigt die Tendenz, dass über konkrete Ziele mit ihnen manchmal eher wenig gesprochen wird. Bei erfahreneren Kolleginnen ergibt sich dagegen oft das Problem, dass man selbst als Psychotherapeutin doch recht schnell eine Idee bekommt, wo die Reise mit einer Patientin hingehen könnte. Diagnose und Symptomatik rufen schnell Ideen für mögliche Interventionen hervor, auch ohne dass mit dem Patienten zuerst noch explizit über dessen Ziele für eine Behandlung gesprochen wird. In vielen Fällen geht die Rechnung auf, die Zielfindung eher zu vernachlässigen: Die Erfahrung, welche Richtung für eine bestimmte Patientin vielleicht hilfreich sein könnte, trifft oft genug zu, der Weg kann sich auch beim Gehen in eine gute Richtung entwickeln und schließlich:

© Der/die Autor(en), exklusiv lizenziert an Springer-Verlag GmbH, DE, ein Teil von Springer Nature 2025
S. Wahl, *Ziele in der Psychotherapie*, Psychotherapie: Fort- & Weiterbildung,
https://doi.org/10.1007/978-3-662-70256-7_1

eine nicht geringe Anzahl Patientinnen sind aus vielen verschiedenen Gründen Non-Responder, was gar nichts mit Therapiezielen zu tun haben muss. Die Verhaltenstherapie kennt die treffenden Bezeichnungen für dieses Phänomen: Wir werden ausreichend verstärkt bzw. unzureichend bestraft für nicht stattfindende Zielfestlegung. Oder einfacher formuliert: Es geht auch ohne Zielfokussierung gut genug. Was aber niemand sagen kann: Wieviel besser könnten psychotherapeutische Ergebnisse mit einer klaren Zielfokussierung sein? Aufgrund meiner Erfahrung mit zahlreichen stockenden Behandlungsverläufen in der Supervision vermute ich, dass sich viele Schwierigkeiten im Verlauf vermeiden lassen könnten, wenn in der Psychotherapie von Beginn an ein stärkerer Fokus auf die explizite Besprechung von Therapiezielen mit Patienten gelegt werden würde. Dabei glaube ich außerdem, dass in der Psychotherapieausbildung zum Teil leider ein gegenteiliger Effekt passiert: Junge Kolleginnen werden langfristig eher abgeschreckt, sich mit Zielen zu befassen, da Ziele in Ausbildungsinstituten oft mit dem einen Verfahren *Goal Attainment Scaling* (*GAS*) gleichgesetzt werden. Auch in diesem Buch geht es in einem Kapitel um das *GAS*, eine sinnvolle Strategie, um sich detailliert mit Zielen zu befassen. Dass diese Intervention aber auch abschrecken könnte, liegt an ihrem Umfang und der Genauigkeit, mit der sie umgesetzt werden sollte. Ich habe oft erlebt, dass Kollegen sich nach der Ausbildung nie wieder mit *GAS* auseinandersetzen, weil es unrealistisch scheint, in der Praxis so viel Zeit und Detailliertheit in die Zielfestlegung zu legen. Dieses Argument trifft in vielen Settings zu und ist nachvollziehbar. Vor allem im stationären Kontext, aber auch in ambulanten Kurzzeittherapien ist es illusorisch, womöglich mehr als eine Therapiestunde nur für die Zielfestlegung zu nutzen. Schade ist aber, dass die Kollegen keinen anderen, flexibleren Umgang mit Therapiezielen erlernt haben und damit die Rechnung lautet: Entweder *GAS* oder gar keine Zielfindung. Dadurch entsteht der Effekt, dass die gut gemeinte Vermittlung des *GAS* in den Psychotherapieausbildungen womöglich dazu führt, dass insgesamt Psychotherapie auf lange Sicht sogar weniger zielorientiert umgesetzt wird.

Ziele dieses Buches sind damit insgesamt drei: Erstens, ein höheres Bewusstsein für die Wichtigkeit zielorientierten Arbeitens zu schaffen; zweitens, eine Einführung in das bewährte Instrument des *Goal Attainment Scalings* zu geben und drittens, Kolleginnen mehr Flexibilität im Umgang mit Therapiezielen zu verschaffen durch eine größere Bandbreite an Umgangsmöglichkeiten mit diesem Thema. Frei nach dem Motto: Besser ein bisschen Zielorientierung als gar keine Zielorientierung.

Zwei Hinweise genereller Art: Erstens, ich arbeite mit kognitiv-verhaltenstherapeutischer Orientierung und diese Orientierung bildet zwingenderweise die Basis für alle hier geschilderten Überlegungen. Das soll nicht heißen, dass nicht auch Kolleginnen aus anderen therapeutischen Schulen hier hilfreiche Anregung finden können, aber gerade beim Thema Zielorientierung unterscheidet sich die explizite Herangehensweise der Verhaltenstherapeuten unter Umständen doch stark von der tiefenpsychologischer/analytischer Kollegen. Zweitens ein Wort zum Gendern: In diesem Buch wird wechselnd die männliche und die weibliche Form verwendet für Psychotherapeutinnen/Psychotherapeuten und Patientinnen/Patienten. Wann und wie oft der Wechsel erfolgt, ist willkürlich und ohne nähere Bedeutung gewählt. Es wurde ansonsten versucht, wo möglich genderneutrale Bezeichnungen zu verwenden.

Um die Zielorientierung auch in diesem Buch zu beherzigen, ist zu Beginn jedes Kapitels das hoffentlich zu erreichende Ziel für die Lektüre dieses Kapitels angegeben. Sie können also jetzt überprüfen: Haben wir gemeinsam das oben genannte Ziel „Verstehen, wozu dieses Buch gut sein könnte" erreicht?

Literatur

Kanfer, F. H., Reinecker, H., & Schmelzer, D. (2012). *Selbstmanagement-Therapie*. Springer.

Kiresuk, T., & Sherman, R. E. (1968). Goal attainment scaling: A general method for evaluating comprehensive community mental health programs. *Community Mental Health Journal, 4,* 443–453.

Kiresuk, T., Smith, A., & Cardillo, J. E. (Hrsg.). (1994). *Goal attainment scaling: Applications, theory, and measurement*. Lawrence Erlbaum Associates.

Eine kurze Übersicht über den theoretischen Hintergrund zu Therapiezielen

2

▶ **ZIEL** *Theoretischen Hintergrund zum Thema Therapieziele skizzieren; Anregungen zum Weiterlesen geben*

Das Thema Therapieziele fußt auf einem breiten Fundament grundlagen- und anwendungsbezogener Forschung, die hier im Rahmen einer sich eher als Praxis-Handbuch verstehenden Veröffentlichung nicht in ihrem ganzen Umfang dargelegt werden kann. Der Vollständigkeit halber sollen hier in Kürze einige Grundzüge der Theorie hinter dem Thema skizziert werden und Möglichkeiten zur Vertiefung genannt werden. Michalak et al. (2007) geben einen guten Überblick über das Thema Patientenziele in der Psychotherapie aus einer grundlagenwissenschaftlichen Perspektive. Die wichtigsten grundlagenwissenschaftlichen Erkenntnisse sind, dass erstens Ziele für Menschen nur dann günstig sind, wenn eine Passung zwischen Motiven und Bedürfnissen und zwischen extrinsischer und intrinsischer Ausrichtung der Ziele besteht. Menschen, die eine hohe Passung zwischen Zielen und Motiven aufweisen (also beispielsweise leistungsorientierte Ziele aufweisen und auch ein starkes Leistungsmotiv insgesamt haben) zeigen ein höheres Wohlbefinden als Menschen, bei denen diese Passung nicht vorliegt. Auch führen Ziele zu einem höheren Wohlbefinden, wenn sie stärker intrinsisch als extrinsisch motiviert sind. Zweitens sind die äußeren Bedingungen für eine positive Auswirkung einer Zielorientierung wichtig: Nur wenn Personen auch ausreichend günstige Bedingungen für eine Zielerreichung haben (also die notwendigen Ressourcen zum Beispiel), wirkt sich eine starke Fokussierung auf ein Ziel positiv auf das Wohlbefinden aus, andernfalls kann sich der Effekt umkehren. Drittens zeigt die Grundlagenforschung, dass Menschen, die nach externalen Zielen streben, wie Status und materielle Ziele, ein niedrigeres Wohlbefinden aufweisen als Menschen, die ihr Leben nach inhärenten persönlichen Bedürfnissen ausrichten wie Verbundenheit, Autonomie oder persönliches Wachstum.

Diese Befunde werden von klinischer Forschung bestätigt: Ungünstige Eigenschaften von Lebenszielen wie Vermeidungstendenzen, Inkongruenz und extrinsische Ausrichtung stehen in Zusammenhang mit vorliegenden klinischen psychopathologischen Symptomen (Michalak et al., 2004).

Brunstein und Maier (2002) haben diesen beschriebenen Zusammenhang zwischen Wohlbefinden und Zielkongruenz einer Person in dem so genannten teleonischen Modell zusammengefasst, im dem die beschriebenen Dimensionen zusammengefasst werden: Zielpassung, Wichtigkeit der Ziele, Realisierbarkeit der Zielerreichung und der Fortschritt in der Zielerreichung üben Einfluss auf das persönliche emotionale Wohlbefinden aus. Dieses Modell wurde in zahlreichen empirischen Studien bestätigt (s. für eine Zusammenfassung Michalak & Grosse Holtforth, 2006).

Inkongruenzen in persönlichen Zielen (nicht Therapiezielen!) scheinen sich auch negativ auf den Psychotherapieprozess auszuwirken, was die Wichtigkeit des expliziten Besprechens von Zielen zu Beginn der Psychotherapie unterstreicht (Michalak & Schulte, 2002).

Psychodynamische und kognitiv-verhaltenstherapeutische Psychotherapeuten unterscheiden sich stark in der Art ihrer Zielfestlegung. Wie Schöttke et al. (2011) zeigten, sind Zielsetzungen durch kognitiv-verhaltenstherapeutische Psychotherapeuten zahlreicher und differenzierter als diejenigen ihrer psychodynamisch orientierten Kollegen (untersucht wurden Gutachteranträge für ambulante Psychotherapie). Dies ist nachvollziehbar, wenn man die unterschiedlichen Therapieschulen und ihr Erklärungsmodell miteinander vergleicht. In Grey et al. (2018) werden die unterschiedlichen Blickwinkel der verschiedenen psychotherapeutischen Schulen auf das Thema Therapieziele interessant beleuchtet. In der systemischen Psychotherapie als jüngstes Richtlinienverfahren spielt die Zielorientierung eine wichtige Rolle, da grundsätzlich der Auftrag des Systems im Zentrum der Behandlungsplanung steht, aus dem sich dann auch Behandlungsziele ableiten. Wie explizit diese mit den Patienten besprochen werden, ist in den verschiedenen systemischen Ansätzen wiederum sehr unterschiedlich gestaltet (Ludewig, 1999).

In Neudeck und Mühlig (2013) werden verschiedene Zielebenen beschrieben, die relevant sind für die Ziele im psychotherapeutischen Prozess. Die Autoren unterscheiden zwischen *Mikrozielen* (Ziele innerhalb einer Sitzung), *Mesozielen* (Prozessziele wie Beziehungsaufbau, Stärkung von Selbstwirksamkeit), *Makrozielen* (Ziele über den gesamten Therapieverlauf hinweg und damit die in diesem Buch üblicherweise gemeinten Therapieziele) und *Metazielen* (übergreifende Lebensziele). Es ist sinnvoll, diese verschiedenen Ebenen im Hinterkopf zu behalten, um den Überblick nicht zu verlieren. Die Autoren betonen auch, dass das Recht auf Autonomie und Selbstbestimmung der Patienten eines der wichtigsten ethischen Berufsprinzipien darstellt und daher die Entscheidung über ein festzulegendes Ziel immer beim Patienten liegt und niemals bei der Psychotherapeutin.

Ein wichtiges Thema, das in der Psychotherapie in den letzten Jahren in verschiedenen Bereichen mehr diskutiert wird (Schermuly et al., 2018) und auch im Bereich der Ziele wichtig zu beachten ist, sind potenzielle Neben- und Folgewirkungen. Neudeck und

Mühlig (2013) nennen als Aufgabe innerhalb der Zielfestlegung eine Nebenwirkungs- und Folgenanalyse. Innerhalb dieser Analyse sollten unerwünschte Nebenwirkungen mit dem Patienten besprochen werden bzw. versucht werden zu antizipieren. Ebenso sollten positive und negative Folgewirkungen antizipiert werden. Sinnvoll ist es in Bezug auf die Folgenanalyse auch, die Konsequenzerwartung des Patienten genau zu explorieren und ggf. zu korrigieren. Je genauer ein Ziel festgelegt wird (z. B. im Rahmen eines *Goal Attainment Scaling*, s. Kap. 7), desto eher ist die Folgenanalyse schon in der Zielbesprechung verankert. Das Gleiche gilt für die Erhebung der Zufriedenheit, die Neudeck und Mühlig (2013) vorschlagen, also eine Überprüfung der Frage, wie hoch der Patient seinen Grad der Zufriedenheit einschätzt, wenn das besprochene Ziel erreicht sein wird. Dies soll erlauben zu überprüfen, ob das *Makroziel* ausreichend Bezug zu *Metazielen* (Lebenszielen) hat und bedeutsam genug ist. Bei ausreichender Sorgfalt in der Zielfestlegung mit Berücksichtigung der in Kap. 5 aufgeführten Kriterien für gute Therapieziele ist diese Überprüfung automatisch miteingeschlossen.

Eine ausführliche Auseinandersetzung mit Therapiezielen findet im Selbstmanagement-Therapie-Ansatz von Frederick Kanfer statt (erste deutsche Auflage 1990, 2012 in 5. Auflage). In dem *7-Phasen-Modell* des psychotherapeutischen Prozesses spielen Ziele gleich in 2 Phasen eine prominente Rolle: Nach der Phase 1 (*Schaffung günstiger Ausgangsbedingungen mit Bildung einer therapeutischen Allianz, optimaler Gestaltung der äußeren Therapiesituation und Beginn der Anamnese*) folgt Phase 2 mit dem Titel *Aufbau von Änderungsmotivation und vorläufige Auswahl von Änderungsbereichen*. In dieser sehr frühen Phase geht es darum, durch die Schaffung einer Veränderungsperspektive Hoffnung zu vermitteln, Motivation für eine Verhaltensänderung aufzubauen und erste Ansätze einer Ziel- und Werteklärung umzusetzen. Diese Klärung bewegt sich noch in einem allgemeinen Rahmen, wäre also in der Ordnung von Neudeck und Mühlig (2013) den *Metazielen* zuzuordnen. Es handelt sich hier noch eher um die Auseinandersetzung mit Lebenszielen und Wertvorstellungen. Es werden dann so genannte Änderungsbereiche ausgewählt, die noch keine Ziele im engeren Sinn sind, sondern eher globale Überschriften oder Themen, innerhalb derer eine Veränderung erwünscht ist. Es geht in Phase 2 außerdem stark um den Aufbau von Veränderungsmotivation bzw. der Klärung der Frage, wozu ein Patient motiviert ist und wozu nicht. Nach der Phase 3 (*Verhaltensanalyse und funktionales Bedingungsmodell*) folgt dann in Phase 4 die *Vereinbarung therapeutischer Ziele* und damit die eigentliche Phase der Zielfestlegung. Hier werden also die *Makroziele* definiert und die engeren therapeutischen Ziele, um die es in diesem Buch auch schwerpunktmäßig gehen soll, werden festgelegt.

Zum Inhalt von Therapiezielen hat die Arbeitsgruppe um Grosse Holtforth (2001) mit der Entwicklung des *Berner Inventars für Therapieziele (BIT)* ausführliche Forschung betrieben, deren Stärke unter anderem auch darin liegt, dass sie sich bezüglich der Formulierungen möglichst therapieschulenunabhängig positioniert und dadurch flexibel einsetzbar ist. Eine wichtige Erkenntnis dieser Forschungsarbeiten ist, dass Patientinnen Ziele in die Psychotherapie mitbringen, die sich bei Weitem nicht auf Symptomreduktion reduzieren lassen. Im Gegenteil, ein starker Schwerpunkt liegt auf symptomunabhängigen Zielen, die in unterschiedlicher Ausprägung noch Bezüge zur Psychopathologie aufweisen oder aber auch nur noch wenige Bezüge zur psychiatrischen Diagnose haben. Dieser Tatsache auch in der Psychotherapieausbildung Rechnung zu tragen, ist ein wichtiger Auftrag, den Grosse Holtforth (2001) unterstreicht. Psychotherapie-Ausbildungen sollten Psychotherapeutinnen also auch darauf vorbereiten, Patientinnen bei Zielen zu unterstützen, die sich auf allgemeinere Lebensthemen wie Selbstentwicklung, Zielfindung, interpersonale Beziehungen etc. beziehen. Die konkrete Umsetzung des *BIT* wird in Kap. 8 beschrieben.

Zum theoretischen Hintergrund der Therapieziele gehören auch ethische Aspekte, die von Kottje-Birnbacher und Birnbacher (1999) gut beleuchtet worden sind. Die Autoren betonen zum einen den Aspekt, dass in der Psychotherapie, anders als in der somatischen Medizin, eine viel größere Bandbreite an Zielen möglich sind und dass im Bereich der Psychotherapie keine allgemeingültigen „richtigen" oder „guten" Ziele festgelegt werden können. Während in der somatischen Medizin oft Ziele verschiedener Interessensgruppen recht ähnlich sind, nämlich zumindest insoweit, als die Wiederherstellung körperlicher Funktionsfähigkeit für Kostenträger, Behandelnde und Patientinnen gleichermaßen erstrebenswert ist, besteht in der Psychotherapie mehr Vielfalt in den Zielen, mehr individuelle Unterschiede und auch mehr unterschiedliche Interessen verschiedener beteiligter Gruppen, unter anderem auch mögliche Unterschiede zwischen Behandlerin und Patientin. In dem in unserer Gesellschaft herrschenden Wert- und Normpluralismus ist es zum Beispiel wichtig, sich dieses Pluralismus bewusst zu sein und nicht von eigenen Werten und Normen automatisch auf diejenigen der Patientin zu schließen. Kottje-Birnbacher und Birnbacher schlagen vier Kriterien für die Setzung von Therapiezielen vor, die die Machtposition der Psychotherapeutin durch fachliche und ethische Überlegungen eingrenzen soll. Dies ist erstens der *Einbezug der systemischen Betrachtung des Umfelds der Patientin*, da ansonsten die Gefahr unethischer Auswirkungen auf Personen im Umfeld besteht. Zweitens sollten Therapieziele ausgewählt werden, die *der von der Patientin gewünschten Zieltiefe entsprechen*, d. h. sich auf der Ebene befinden, auf der die Patientin Unterstützung wünscht. Wenn also beispielsweise eine Unterstützung auf Symptomebene gewünscht ist, sollte die Psychotherapeutin nicht „ungefragt" Ziele auf einer grundlegenderen Ebene, z. B. in persönlichkeitsnäheren Bereichen, festlegen. Drittens betonen Kottje-Birnbacher und Birnbacher die Wichtigkeit *der realistischen Abschätzung der therapeutischen Möglichkeiten*: Es wäre unethisch, mit der Patientin Ziele festzulegen, die unrealistisch durch therapeutische Einwirkung zu erreichen sind. Viertens sollen *finale und instrumentelle Ziele gesondert abgestimmt* werden. Finale Ziele sind Ziele, die um ihrer selbst willen angestrebt werden, instrumentelle Ziele eher Mittel zu einem anderen Zweck. Aus ethischer Sicht sollte mit der Patientin erörtert werden, welche instrumentellen Ziele welchen finalen Zielen dienen und welche anderen Möglichkeiten zur Erreichung finaler Ziele außerdem möglich wären. Dies bedeutet auch, mit der Patientin alternative psychotherapeutische Behandlungsmöglichkeiten zu erörtern, die eventuell andere Wege zu einem finalen Ziel ermöglichen könnten.

Literatur

Ambühl, H., & Orlinsky, D. (1999). Therapieziele aus der Perspektive der Psychotherapeutinnen. In H. Ambühl & B. Strauß (Hrsg.), *Therapieziele*. Hogrefe.

Ambühl, H., & Strauß, B. (Hrsg.). (1999). *Therapieziele*. Hogrefe.

Berking, M., Grosse Holtforth, M., Jacobi, C., & Kröner-Herwig, B. (2005). Empirically based guidelines for goal-finding procedures in psychotherapy: Are some goals easier to attain than others? *Psychotherapy Research, 15*(3), 316–324.

Brunstein, J., & Maier, G. W. (2002). Das Streben nach persönlichen Zielen: emotionales Wohlbefinden und proaktive Entwicklung über die Lebensspanne. In H. Thomae (Hrsg.), *Persönlichkeit und Entwicklung* (S. 157–189). Beltz.

Cooper, M., & Law, D. (Hrsg.). (2018). *Working with goals in psychotherapy and counselling*. University Press.

Grey, N., Byrne, S., Taylor, T., Shmueli, A., Troupp, C., Stratton, P., Sefi, A., Law, R., & Cooper, M. (2018). Goal-oriented practice across therapies. In M. Cooper & D. Law (Hrsg.), *Working with goals in psychotherapy and counselling*. University Press.

Grosse Holtforth, M. (2001). Was möchten Patienten in ihrer Therapie erreichen? Die Erfassung von Therapiezielen mit dem Berner Inventar für Therapieziele (BIT). *Verhaltenstherapie und psychosoziale Praxis, 34*, 241–258.

Kanfer, F. H., Reinecker, H., & Schmelzer, D. (2012). *Selbstmanagement-Therapie*. Springer.

Kottje-Birnbacher, L., & Birnbacher, D. (1999). Ethische Aspekte bei der Setzung von Therapiezielen. In H. Ambühl & B. Strauß (Hrsg.), *Therapieziele*. Hogrefe.

Ludewig, K. (1999). Therapieziele in der systemischen Therapie. In H. Ambühl & B. Strauß (Hrsg.), *Therapieziele*. Hogrefe.

Michalak, J., & Grosse Holtforth, M. (2006). Where do we go from here? The goal perspective in psychotherapy. *Clinical Psychology – Science and Practice, 13*, 346–365.

Michalak, J., & Schulte, D. (2002). Zielkonflikte und Therapiemotivation. *Zeitschrift für klinische Psychologie und Psychotherapie, 31*, 213–219.

Michalak, J., Klappheck, M., & Kosfelder, J. (2004). Personal goals of psychotherapy patients: The intensity and the „why" of goal-motivated behavior and their implications for the therapeutic process. *Psychotherapy Research, 14*, 193–206.

Michalak, J., Grosse Holtforth, M., & Berking, M. (2007). Patientenziele in der Psychotherapie. *Die Psychotherapie, 52*, 6–15.

Neudeck, P., & Mühlig, S. (2013). *Therapie-Tools Verhaltenstherapie*. Beltz.

Schäfer, I., & Kolip, P. (2010). Unterstützung der Qualitätsentwicklung mit Goal Attainment Scaling (GAS). *Prävention, 2010*(3), 66–69.

Schermuly-Haupt, M. L., Linden, M., & Rush, A. J. (2018). Unwanted events and side effects in cognitive behavior therapy. *Cognitive Therapy and Research, 42*(3), 219–229.

Schöttke, H., Sembill, A., Eversmann, J., Waldorf, M., & Lange, J. (2011). Therapieziele in der ambulanten kognitiv-verhaltenstherapeutischen oder psychodynamischen Psychotherapie – notwendig oder irrelevant? *Zeitschrift für klinische Psychologie und Psychotherapie, 40*(4), 257–266.

3 Gemeinsame Zielfestlegung vs. Zielorientierung im Hintergrund

▶ **ZIEL** *Unterscheidung zwischen partizipativer Zielfestlegung und Zielorientierung ohne Patienteneinbezug verstehen und Möglichkeiten beider Varianten erkennen*

Bei Therapiezielen geht man häufig automatisch von *partizipativer Entscheidungsfindung* aus, also dass das Thema Therapieziele mit der Patientin gemeinsam diskutiert wird, dass gemeinsame Ziele festgelegt werden, eventuell auch in einem Behandlungsvertrag festgehalten werden (s. Harkin et al., 2016; Tryon & Winograd, 2011). Im Leitfaden für den Gutachterantrag für ambulante Psychotherapie wird explizit darauf hingewiesen, dass die beschriebenen Ziele mit dem Patienten gemeinsam festgelegt werden sollen. Ich stelle dieses Thema zu Beginn des Buchs als eigenes Kapitel, weil es mir eine wichtige erste Hürde im Umgang mit Therapiezielen zu sein scheint. Eine gemeinsame Zielfestlegung mit gemeinsamer Verpflichtung zu diesen Zielen ist sicher der Gold-Standard in der Psychotherapie und das nicht ohne Grund. Sich gemeinsam mit der Patientin auf Ziele zu verständigen, hat viele Vorteile und positive Effekte, die in Kap. 5 noch ausführlicher erörtert werden. Allerdings sieht die Behandlungsrealität in vielen Versorgungssettings so aus, dass der Gold-Standard oft nicht eingehalten werden kann, sei es aus zeitlichen Gründen oder aber auch, weil er mit schwer kranken Patienten nicht immer möglich ist. Patienten können durch ihre Symptomatik so stark eingeschränkt sein, dass eine Thematisierung der Ziele sie überfordern würde: Für eine Zwangspatientin kann die Festlegung einer genauen Zielformulierung schon die erste Exposition bedeuten und große Unsicherheit und Angst auslösen. Für einen depressiven Patienten kann die kognitive Auseinandersetzung mit theoretisch möglichem Behandlungs-Output unnötig viel Kraft kosten, die er aktuell (vorerst) dringend für anderes bräuchte. Eine persönlichkeitsgestörte Patientin mit stark dysfunktionalen Anteilen kann vielleicht erst am Ende einer langen Psychotherapie in der

Lage sein, ausreichend zwischen funktionalen und dysfunktionalen Zielen zu unterscheiden. In anderen Settings, z. B. wenn man wie in einer orthopädischen Rehaklinik einen Patienten nur 3- oder 4-mal für 25 Minuten sieht, ist jede Minute Behandlungszeit kostbar und eine Erörterung eines gemeinsamen Ziels kann völlig unrealistisch sein. Die Folge dieser Konstellationen ist oft, dass aufgrund der Unmöglichkeit einer gemeinsamen Zielformulierung unbeabsichtigt die gesamte Zielorientierung über Bord geworfen wird. Die Folge ist häufig ein willkürlicher, zufälliger Behandlungsverlauf, der durchaus hilfreich sein kann, der aber auch eine gewisse Wahrscheinlichkeit hat, am Bedarf des Patienten vorbeizugehen. In solchen Fällen möchte ich für die von mir so genannte „Zielorientierung im Hintergrund" plädieren. Nur weil der Patient aktuell nicht in der Lage ist, Ziele festzulegen oder weil das Behandlungssetting es mir nicht erlaubt, kann die Psychotherapeutin dennoch in ihrer Behandlungsplanung interne Zielvorstellungen mitaufnehmen. Hier fließen stark Erfahrungswerte ein, aber auch Patientenäußerungen, die vielleicht nicht konkret unter die Überschrift Therapieziele fallen, aber doch implizite Zielvorstellungen erkennen lassen. Nun kann man sich fragen, ob das nicht genau dem von mir in der Einführung geschilderten Vorgehen erfahrener Psychotherapeuten entspricht, Ziele einfach zu vermuten bzw. aufgrund von Erfahrung zu „raten". Der Unterschied ist auf den ersten Blick nicht groß, auf den zweiten Blick aber entscheidend: Es geht darum, sich bei der Zielorientierung im Hintergrund sehr darüber bewusst zu sein, dass es sich bei den angenommenen und vorerst anvisierten Zielen nicht um gemeinsame Ziele, geschweige denn um explizite Ziele der Patientin, sondern um *Therapeutenziele für den Patienten* handelt. Nur diese Bewusstmachung ist der – allerdings entscheidende – Unterschied. Denn die Bewusstmachung ermöglicht der Psychotherapeutin, flexibel zu reagieren, falls sich das therapeutische Hintergrundziel als nicht ganz zutreffend erweist, falls neue Informationen hinzukommen, die dem angenommenen Ziel widersprechen. In der Supervision erlebe ich oft, dass die Supervisandinnen das Gefühl haben, dass es beim Patienten „Widerstand" oder innere Hürden gibt. Ein derartiges Gefühl, dass es im Prozess hakt, ist zum Beispiel ein wichtiges Warnzeichen und die Gelegenheit sollte dann genutzt werden, um die Therapieziele zu reflektieren. Eventuell liegen implizite, therapeutengeleitete Therapieziele vor und die Psychotherapeutin hat im Verlauf vergessen (oder es sich eben nie bewusst gemacht), dass es von ihr vermutete Ziele waren und nicht gemeinsame Ziele. Wenn die Zielorientierung im Hintergrund dergestalt flexibel bleibt, bewusst und jederzeit als hypothetischer Zielzustand auf einen Prüfstand gestellt werden kann, kann sie eine hilfreiche Unterstützung sein. Zielorientierung im Hintergrund ist dann vor allem eine Möglichkeit, sich nicht auf einen Blindflug zu begeben, sondern vorerst eine Richtung anzupeilen, die aber zunächst mehr dem Therapeutenkopf entspringt und damit immer als Hypothese auch veränderbar bleiben muss. Je nach Setting kann es dann wichtig sein, im Therapieverlauf die Therapeutenziele explizit zu machen, mit der Patientin zu besprechen und abzuklären, ob und wo Korrekturbedarf vorhanden ist.

Literatur

Harkin, B., Webb, T. L., Chang, B. P. I., Prestwich, A., Conner, M., Kellar, I., Benn, Y., & Sheeran, P. (2016). Does monitoring goal progress promote goal attainment? A meta-analysis of the experimental evidence. *Psychological Bulletin, 142*, 198–229.

Tryon, G. S., & Winograd, G. (2011). Goal consensus and collaboration. *Psychotherapy, 48*, 50–57.

Warum Therapieziele wichtig sind

4

▶ **ZIEL** *Für Wichtigkeit von Therapiezielen stärker sensibilisieren, Argumente erstmalig vermitteln oder auffrischen*

Da das Thema Therapieziele zwar allgemein als wichtig erachtet wird, aber häufig nicht auf den ersten Blick automatisch ersichtlich ist, was eigentlich genau Ziele im therapeutischen Prozess so wertvoll macht, möchte ich in diesem Kapitel erläutern, aus welchen zum Teil sehr verschiedenen Gründen die Erarbeitung von Therapiezielen in der Psychotherapie wichtig ist. Dabei unterscheide ich nach Gründen, die generell für jede Art von Zielorientierung sprechen und Gründen, die eine partizipative Zielfindung gemeinsam mit der Patientin unterstreichen.

4.1 Gründe für jede Art von Zielorientierung

Planung des Behandlungsrahmens
Jede Art von Zielorientierung, implizit oder explizit, ist wichtig für die grundlegende Planung des Behandlungsrahmens, also ungefähre Sitzungsanzahl, Sitzungsfrequenz, ob der Einbezug von Angehörigen notwendig sein könnte oder ob Doppelstunden notwendig sein könnten. Welche Themenfelder in der Psychotherapie fokussiert werden sollen, bestimmt maßgeblich den Umfang und Rahmen einer Psychotherapie. Falls die anvisierten Ziele Expositionsbehandlungen, Traumakonfrontationen oder andere zeitaufwändigere Methoden erfordern, sollte das idealerweise schon in der anfänglichen Behandlungsplanung mitbedacht werden. Andersherum bedingt in manchen Settings der fest vorgegebene Behandlungsrahmen (z. B. in stationären Settings mit vorher festgelegter Aufenthaltsdauer) die Zielplanung. Hier müssen die Ziele an den Rahmen angepasst werden. Dies hilft, der Patientin keine unrealistischen Hoffnungen zu machen und von Beginn an für eine gute

Strukturierung der Behandlung zu sorgen. In einem dreiwöchigen psychosomatischen Reha-Aufenthalt wird eher keine Traumaexposition stattfinden und wenn mehrere Problemfelder vorliegen, sollte von Beginn an priorisiert werden und am besten auch kommuniziert werden, dass nicht alle Baustellen vollständig bearbeitet werden können. Dann kann zum Beispiel eher ein wichtiges Ziel, das auch Zeit in Anspruch nehmen darf, die Organisation einer weiterführenden ambulanten Psychotherapie sein. Die Unterstützung hierbei ist in so einem Fall eine größere Hilfe für die Patientin, als wenn komplexere Themenfelder mehr oder weniger hektisch und unter Zeitdruck im stationären Rahmen „anbehandelt" werden. Das bedeutet auch, dass eine zielorientierte Behandlungsweise auch für die Psychotherapeutin ein entspannteres, strukturierteres Arbeiten ermöglicht. Von Anfang an mit einer Zielorientierung zu arbeiten, schafft auf diese Art für alle Beteiligten klare Verhältnisse und einen Rahmen, innerhalb dessen man sich dann voll auf Inhalte konzentrieren kann ohne Reibungsverluste durch eine nicht an die strukturellen Rahmenbedingungen angepasste Planung.

Förderung der Arbeitsmotivation der Psychotherapeutin
Sich bewusst mit den Zielen einer Behandlung auseinanderzusetzen, kann die Arbeitsmotivation des Psychotherapeuten erhöhen. Durch die mit Zielen verbundene Strukturierung der Behandlung wird auch für die Therapeutin ein Rahmen gesteckt, was nach meiner Erfahrung hilft, den Überblick zu behalten, sich kompetent zu fühlen und zu wissen, warum man in welcher Behandlungsphase welche Intervention einsetzt. Ziele verringern die Gefahr, sich im Laufe einer Behandlung zu verzetteln oder Themen aus dem Blick zu verlieren. Das höhere Kompetenzerleben des Therapeuten wiederum hat positive Effekte auf den Behandlungsverlauf, da sich die Zuversicht, den Prozess zu steuern, auch auf den Patienten übertragen kann bzw. mindestens die therapeutische Beziehung stabilisieren kann. Psychotherapeuten, die einen Plan für die Behandlung haben und Ziele fokussiert haben, werden eher Ruhe, Zuversicht und Gelassenheit ausstrahlen.

4.2 Gemeinsam mit dem Patienten festgelegte Ziele

Allgemein zeigt die Forschung zum Thema *shared decision making* für sehr verschiedene Bereiche der Medizin und auch für Psychotherapie, dass der Einbezug von Patientinnen in Entscheidungsfindungsprozesse positive Effekte hat. Positive Zusammenhänge zeigen sich zum Beispiel in einer großen Metaanalyse mit der Behandlungszufriedenheit, mit der Adhärenz für die Behandlung und mit dem allgemeinen Gesundheitszustand der Patienten (Joosten et al., 2008). Zwei Metaanalysen (Harkin et al., 2016; Tryon & Winograd, 2011) kommen zu kleinen bis mittleren Effektstärken, was den Effekt von gemeinsamer Zielfestlegung in der Psychotherapie und dem Behandlungsoutcome angeht. Psychotherapeuten, die in der ersten Phase der Behandlung gemeinsame Ziele mit der Patientin festlegen und diese im Verlauf der Behandlung monitoren, erzielen bessere Behandlungsergebnisse.

Etablierung einer therapeutischen Beziehung auf Augenhöhe

Das gemeinsame Erörtern der Therapieziele setzt einen Standard für die gesamte therapeutische Beziehung. Die Patientin erlebt, dass ihre Meinungen und Sichtweisen gleichberechtigt mit denen der Therapeutin mit in die Zielüberlegungen mitaufgenommen werden. Patienten sind Experten ihrer Problematik und daher ein ebenso wichtiger Part in der Zielfestlegung wie der Psychotherapeut. Dieser ist Fachmann für das Formulieren von realistischen und möglichst hilfreichen Therapiezielen (s. Kap. 5) und bringt diese Expertise in die Zielfindung mit ein. Gerade für Patientinnen, die eher hierarchisch geprägte Behandlungen gewohnt sind oder erwarten, ist dies eine wichtige neue Erfahrung. Die gleichberechtigte therapeutische Arbeitsbeziehung ist eine wichtige Voraussetzung für einen förderlichen Psychotherapieverlauf. Wichtig ist, sich klarzumachen, dass die damit einhergehende Mitverantwortung für die Therapieziele und damit auch für den therapeutischen Prozess nicht nur positiv für Patientinnen sein kann. Gerade Patientinnen, die eher gerne Verantwortung abgeben möchten und eine passive Rolle suchen, können mit dieser Anforderung auch überfordert sein. Sollte dieses Thema in der Zielfindung zu Tage treten, wenn also zum Beispiel Patienten sich hier hilflos oder überfordert zeigen, ist das eine wichtige Information über die Beziehungsgestaltung des Patienten. Diese Tendenz zur Verantwortungsvermeidung früh in der Psychotherapie zu bemerken kann wiederum vor problematischen Verläufen schützen. An dieser Stelle entsteht dann die Chance, diese Tendenz bzw. das Thema Verantwortungsübernahme zu besprechen und es kann zum Beispiel sein, dass der Mut, Entscheidungen zu treffen, das eigentliche erste Therapieziel wird.

Von Anfang an das Ende planen

Viele Psychotherapeutinnen haben Schwierigkeiten, gerade auch bei wenig bis nicht erfolgreichen Therapieverläufen das Ende einer Behandlung einzuleiten. Auch bei diesem Thema kann eine klare Zielplanung helfen, da schon mit der Zielbesprechung diskutiert werden sollte, wie viel Zeit man sich für die Erreichung des Ziels einplant und auch, bis zu welchem Punkt auf dem Weg in Richtung Ziel regelmäßige therapeutische Kontakte notwendig sind. So kann von Beginn der Therapie an die Haltung vermittelt werden, dass es eher unrealistisch ist, dass am Ende der Therapie alle Ziele komplett erreicht sind, sondern dass Psychotherapie häufiger ein Stück Wegbegleitung bedeutet, bis der Weg ausreichend bekannt ist und ausreichend sicher allein zu gehen ist. In einer großen Studie aus England zeigte sich, dass 46 % der erwachsenen Patientinnen am Ende einer Psychotherapie als „geheilt" gelten können, also keine klinische Symptomatik mehr aufweisen (Lambert & Ogles, 2004). Das bedeutet, dass der größere Teil der Patienten noch Symptome aufweist, wenn die Behandlung endet. Einschränkend muss man die verschiedenen Gesundheitssysteme bedenken, in Großbritannien ist die psychotherapeutische Versorgung insgesamt begrenzter. Dennoch ist davon auszugehen, dass auch in Deutschland ein großer Anteil an Psychotherapiepatienten die Behandlung nicht symptomfrei beendet.

Frühzeitiges Erkennen von mangelnder Response und Änderung der Weichenstellung

Lambert und Ogles (2004) gehen von einer Non-Response-Rate bei Psychotherapie von 25–30 % aus und einer Rate von 5–10 % an Patienten, deren Symptomatik sich verschlechtert. Das bedeutet, dass wir als Psychotherapeuten eine große Anzahl an Patientinnen einplanen müssen, denen wir nicht helfen können. Diese Non-Responder frühzeitig zu erkennen, ist aus vielerlei Gründen wichtig und ethisch angezeigt. Eine strukturierte Zielorientierung erleichtert das Erkennen fehlenden Therapiefortschritts durch die regelmäßige Verlaufs-Messung der Zielerreichung. Wenn das Ziel klar ist, ist viel leichter zu erkennen, ob man in die richtige Richtung unterwegs ist oder nicht. Law (2018) nennt vier Bereiche, die verantwortlich für mangelnden Fortschritt sein können und die man überprüfen sollte, wenn Therapieverläufe stocken: Als Erstes Variablen, die mit der Lebenswelt der Patientin zu tun haben („die 167 Stunden, die die Patientin nicht in der Therapie ist"), also gibt es *äußere Faktoren*, die Therapiefortschritt verhindern? Zum Beispiel können ungünstige Arbeitsbedingungen vorliegen, wenn etwa ein zu hohes Arbeitspensum und an die Patientin gestellte Anforderungen die Etablierung von Selbstfürsorge unmöglich machen. Auch private Faktoren können sich ungünstig auf den Therapiefortschritt auswirken, zum Beispiel kleine Kinder, die die Etablierung eines gesünderen Schlafrhythmus behindern, eine Psychotherapie gegenüber skeptisch eingestellte Ehefrau oder finanzielle Sorgen, die dem Patienten nicht ermöglichen, gedankliche Kapazitäten für weitergehende Problemlösungen freizuschaufeln. Der zweite Bereich, der bei mangelndem Therapiefortschritt überprüft werden sollte, ist die *therapeutische Beziehung*: Ist die therapeutische Beziehung „tragfähig", vertraut die Patientin der Psychotherapeutin so weit, dass die Psychotherapie ein sicherer Raum ist, in dem Entwicklung stattfinden kann? Nimmt die Patientin die Psychotherapeutin ernst? Hat sie realistische Hoffnung auf eine gemeinsame Zielerreichung? Der dritte Bereich ist die *Passung des gewählten therapeutischen Ansatzes*. Man kann durchaus den Patienten danach befragen, wie zufrieden er mit der gewählten Vorgehensweise ist und ob er Ideen hat, was besser helfen würde. Hier ist vor allem aber auch die eigene Expertise gefragt, inwieweit eine Anpassung der Methodik helfen könnte oder ob in letzter Instanz ein Verfahrenswechsel sinnvoll sein könnte. Der letzte Punkt ist die *Veränderungsbereitschaft des Patienten*. Law (2018) schlägt die Frage vor: „Ist jetzt der richtige Zeitpunkt für die Veränderung, die Sie sich wünschen?" Eine zielorientierte Vorgehensweise hilft, schneller an den Punkt zu kommen, sich und dem Patienten diese Fragen zu stellen. Meine Erfahrung zeigt, dass man keine Angst haben sollte, diese Fragen zu früh zu stellen: Die Patientinnen sehen es als Zeichen sorgfältigen Arbeitens, wenn Psychotherapeuten ihre Vorgehensweise überprüfen und zur Diskussion stellen und nicht als mangelnde Kompetenz. Sollte die Psychotherapeutin zu schnell am Therapiefortschritt zweifeln, kann sie sich auf die Kompetenz der Patientin für den Prozess verlassen: Üblicherweise erfolgen dann prompt und eindeutig überzeugte Antworten der Patientin, die die Vorgehensweise stützen, und das Aussprechen dieser Meinung (dass die Psychotherapie sehr wohl auf dem richtigen Weg ist) kann die Motivation eher steigern.

Förderung von Veränderungsmotivation und realistischen Zielvorstellungen sowie Vermeidung von zu hohen Erwartungen und Ablehnung unpassender Ziele
Das gemeinsame Gespräch über die Ziele der psychotherapeutischen Behandlung hat einen wichtigen, oft übersehenen Effekt: Das Festlegen von Zielen kann die Veränderungsmotivation der Patientin deutlich erhöhen. Einen Zielzustand zu definieren, bedeutet auch, eine konkretere Vorstellung davon zu entwickeln, wie es nach einer Psychotherapie sein könnte. Normalerweise, selbst wenn die Ziele eher bescheiden ausgewählt werden, weil der Rahmen nicht mehr zulässt, führt das dazu, dass der Patient Hoffnung auf Besserung entwickelt oder die schon bestehende Hoffnung weiter gestärkt wird. Auch die von der Psychotherapeutin damit eingegangene Verbindlichkeit bezüglich Therapiezielen („Das kann ich unterschreiben, an diesen Punkt können wir realistisch kommen oder zumindest ein Stück des Weges dahin schaffen") fördert die Hoffnung des Patienten und kann seine Motivation zur Mitarbeit stärken. Oft gehen die Patienten mit einem guten Gefühl aus der Stunde mit dem Thema Ziele. Allein das Gespräch darüber und das Entwickeln erster konkreter Bilder eines Zielzustandes führen manchmal zu einer geradezu sichtbaren Entlastung. Dies wurde auch in einer von Klappheck und Michalak (2009) durchgeführten Studie empirisch bestätigt: Der Psychotherapieerfolg von Patienten lässt sich signifikant durch den während der Psychotherapie erhobenen Optimismus, das Ziel „Besserung der Symptome" zu erreichen, vorhersagen. Bei der genauen Festlegung eines Zielzustandes (wie beim *Goal Attainment Scaling*, s. Kap. 7) empfiehlt es sich daher, den Patienten den festgehaltenen Zielzustand noch einmal selbst laut vorlesen zu lassen und die dadurch ausgelösten Gefühle gerne zu verstärken, zum Beispiel einfach durch die Frage „Wie fühlt sich das an, wenn Sie das hören?". Die Kehrseite dieser Medaille ist die Zurückweisung von unrealistischen Erwartungen an die Therapie schon in diesem frühen Behandlungsstadium, innerhalb der ersten Stunden. Eine ausreichend klare Zielfestlegung hilft dem Psychotherapeuten, ungeeignete Ziele abzulehnen (z. B. „Ich möchte, dass mein Mann mich besser behandelt"), zu schwammige Ziele zu konkretisieren („Worum geht es eigentlich?") und in therapeutisch sinnvolle und vor allem umsetzbare Ziele umzuformulieren. Dies kann in solchen Fällen dann nicht nur zu positiven Gefühlen führen, sondern auch für den Patienten frustrierend sein. Wenn z. B. das Ziel ist „Ich will nie wieder eine depressive Episode erleben" kann es schmerzhaft sein, von der Psychotherapeutin zu hören, dass sie kein Werkzeug hat, um dieses Ziel zu erreichen. Und gleichzeitig ist es umso wichtiger, solche überhöhten Zielvorstellungen direkt zu Beginn einer Psychotherapie zu relativieren und den Patienten darin zu unterstützen, mit der Frustration umzugehen.

> Zum Beispiel: „Ich verstehe Ihren Wunsch sehr gut, nie mehr wieder so eine schwere depressive Symptomatik erleben zu müssen. Wenn ich ein Mittel wüsste, wie wir das erreichen könnten und ich Ihnen so ein Ergebnis garantieren könnte, würde ich es Ihnen mit Freuden sagen. Leider ist die menschliche Psyche und das menschliche Leben zu komplex, um alle möglichen Einflussfaktoren für eine depressive Symptomatik vorhersehen und reduzieren zu können. Was wir tun können, ist, möglichst viele Faktoren zu verstehen, die Sie anfällig für die Depression gemacht haben und daran zu arbeiten, diese Faktoren positiv zu beeinflussen. Damit können wir die Wahrscheinlichkeit für eine erneute depressive Episode deutlich reduzieren, wie viele Studien zeigen. Wie wäre es, wenn wir das Ziel so formulieren: Ich möchte mein Leben so gestalten, dass ich möglichst wenig anfällig für eine erneute depressive Episode bin"?

Auch das Ziel „Ich möchte, dass mein Mann mich besser behandelt" lässt sich leicht validieren. Wir können Verständnis über den Frust äußern, den die unbefriedigende Paarkommunikation bei der Patientin auslöst, und dann erläutern, dass wir keinen direkten Einfluss auf das Verhalten des Ehemannes haben (sofern es sich nicht um ein paartherapeutisches Setting handelt). In diesem Beispiel wird besonders deutlich, wie viel Weichenstellung für den psychotherapeutischen Verlauf schon in der Zielfindung liegt: Hier wird es wichtig sein, mit der Patientin zu erörtern, wo ihr Einflussbereich liegt, wie das Ziel also formuliert sein könnte, damit sie aus eigener Kraft und mit therapeutischer Unterstützung die Möglichkeit hat, es zu erreichen. Ab diesem Punkt ist jede Richtung möglich: Eventuell erkennt die Patientin, dass sie keinen Einfluss bei sich selbst mehr sieht, außer die Beziehung zu beenden, dann könnte eine Trennungsbegleitung das Ziel sein. Oder sie versteht, dass es äußerst hilfreich für sie ist, sich auf ihren Einflussbereich zu konzentrieren und es ein Verschleudern von Kraft bedeutet, sich über das Verhalten anderer Menschen zu ärgern, das wir schließlich nie direkt beeinflussen können. Ab hier können dann verschiedene Ziele möglich sein, zum Beispiel „Ich möchte meinem Mann gegenüber meine Bedürfnisse deutlicher kommunizieren", „Ich möchte mich bei Abwertungen durch meinen Mann klarer abgrenzen und für mich sorgen" oder auch „Ich möchte meinem Mann eine Paartherapie vorschlagen".

Und schließlich ist eine frühe Zielbesprechung auch die Chance für den Psychotherapeuten, für ihn aus fachlichen, ethischen oder persönlichen Gründen nicht angemessene Ziele abzulehnen. Ein Beispiel aus meiner Praxis ist das Anliegen eines Patienten, Unterstützung in der Umsetzung seines Berufswunsches als Zuhälter zu bekommen, von dem er sich eine Besserung seiner depressiven Symptomatik erhoffte. Die Zielfindungsphase ist immer sowohl für Patientin als auch für Psychotherapeutin die Sondierungsphase, in der beide Parteien genau überprüfen dürfen, ob sie bereit sind, sich auf ein gemeinsames Ziel zu verpflichten oder nicht. Und dabei schließe ich sowohl ein „Ich kann

Ihnen dabei nicht helfen" als auch ein „Ich will Ihnen dabei nicht helfen" in die wichtigen Ablehnungsgründe mit ein. Das ist zum einen aus Selbstschutzgründen des Psychotherapeuten angemessen und zum anderen ist ein Psychotherapeut, der im Grunde widerwillig ein Ziel verfolgt, auch für die Patientin nicht hilfreich.

Äußere Struktur hilft, sich auf emotionale Prozesse einzulassen
Ein außerdem wenig in der Diskussion über Ziele vorkommender Aspekt ist die Beobachtung, dass es für Patienten gerade bei sehr emotionalen Themen elementar wichtig ist, einen festen Rahmen für die therapeutische Arbeit wahrzunehmen. Je mehr Emotion, desto mehr Struktur ist die Devise. Wenn der Rahmen nicht sehr klar ist, fällt es vielen Patienten schwer, sich wirklich auf schmerzhafte Themen einzulassen. Aus diesem Grund arbeite ich gern mit Flipcharts, auf dem Eckpunkte wie die groben Ziele oder auch Problemfelder und/oder ein Erklärungsmodell festgehalten werden können. Ein vorab festgelegter Fahrplan in der Form von Therapiezielen kann Patientinnen das Sicherheitsnetz geben, das sie hält, wenn die Bearbeitung bestimmter Themen sehr belastend und emotional wird. Ziele ermöglichen jederzeit eine Refokussierung im Sinne von „An dieser Stelle stehen wir gerade und diesen Weg haben wir uns vorgenommen". Man kann sich hier mit der Analogie einer anspruchsvollen Wanderung behelfen. Wenn man im Laufe der Wanderung erschöpft, ausgehungert und müde ist, kann es sehr hilfreich sein, genau zu wissen, welches Ziel man sich aus welchem Grund ausgesucht hat und wieviel Wegstrecke noch vor einem, aber vor allem auch, wieviel Wegstrecke schon hinter einem liegt. Mit diesem Wissen lassen sich Durststrecken leichter aushalten und man läuft nicht Gefahr, im Meer der wogenden Emotionen unterzugehen. Besonders hilfreich ist ein Wanderführer, der seine Planung solide durchgeführt hat und vorab mit den Wanderern genau besprochen hat, wie die Strecke aussehen soll und welche Ressourcen in schwierigen Passagen zur Verfügung stehen.

> **Sonderfall Suchterkrankungen**
> Sucht-Diagnosen jeder Art, ob substanzgebunden oder nicht, stellen zumindest manchmal einen Sonderfall in der Zielfindung dar. Es liegt in der Natur dieser Erkrankungen, dass die Betroffenen nicht die einzig Leidtragenden und manchmal auch nie die Haupt-Leidtragenden der Erkrankung sind. Daher ergibt sich im Sucht-Bereich häufiger als bei den anderen psychischen Diagnosen die Besonderheit, dass Patientinnen mindestens teilweise fremdmotiviert und/oder deutlich ambivalent in psychotherapeutische Behandlung gelangen. In der Supervision wird hier oft eine Unsicherheit deutlich im Sinne von: „Der Patient hat ja gar kein Ziel, dann kann ich auch keine Behandlung planen! Er muss erstmal eigenständig motiviert sein für eine Verhaltensänderung, bevor ich die Behandlung beginnen kann!" Das ist leider ein grundlegendes Missverständnis, das mir häufig begegnet ist. Daher möchte

ich an dieser Stelle betonen, dass bei Suchterkrankungen das *transtheoretische Modell* von Prochaska und DiClemente einen entscheidenden Stellenwert hat. Dieses Modell beinhaltet insgesamt 6 Phasen der Veränderung (s. Abb. 4.1). Patientinnen kommen auch im Stadium der Absichtsbildung (*contemplation*) oder sogar im Stadium der Absichtslosigkeit (*pre-contemplation*) in die Psychotherapie. Dies ist kein Grund, zum Schluss zu kommen, dass der Patient im Grunde ja noch nicht bereit sei für eine Behandlung, sondern der Psychotherapeut sollte, wenn er diese Situation erkannt hat, sich als Hintergrund-Ziel als nächsten Schritt vornehmen, den Patienten beim Übergang von *precontemplation* zu *contemplation* und dann zu *preparation* zu unterstützen. In der *preparation*-Phase fühlen sich die meisten Psychotherapeutinnen dann wieder sicherer und wohler und die weiteren in diesem Buch beschriebenen Strategien zur Zielfestlegung können zur Anwendung kommen. Als Unterstützung für diese Begleitung ist die motivierende Gesprächsführung (Miller & Rollnick, 1991; Jähne & Schulz, 2018) zu empfehlen. Dass Patienten noch nicht in der *preparation*-Phase angelangt sind und trotzdem schon im psychotherapeutischen Setting landen, ist sicher am häufigsten bei Suchterkrankungen zu beobachten, das heißt aber nicht, dass es nicht auch bei anderen Diagnosen vorkommt. Insgesamt würde die psychotherapeutische Versorgung sehr davon profitieren, wenn Psychotherapeutinnen sich auch stärker für eine Begleitung hin zu einer Zielvorstellung verantwortlich fühlen würden. Wie in Kap. 2 erläutert, ist der Selbstmanagement-Ansatz von Kanfer (2012) hier sehr gut strukturiert und hilfreich auch für die Begleitung des Patienten hin zu einer klareren Zielvorstellung: Die Phase 2 des *7-Phasen-Modells der Psychotherapie* befasst sich ausführlich auch mit dem Aufbau von Veränderungsmotivation, zum Beispiel mit Hilfe von Werteklärung und der Fokussierung auf Lebensziele. Kanfer würde es so ausdrücken: *Jeder Mensch ist motiviert, die entscheidende Frage ist: motiviert wofür?* Die Motivationsanalyse klärt daher, wozu Patienten derzeit wie intensiv motiviert sind und ob die momentan schon bestehende Motivation in die Richtung therapeutisch sinnvoller Ziele umgelenkt werden könnte.

Abb. 4.1 Prochaska und DiClemente, 6 Stadien der Veränderung

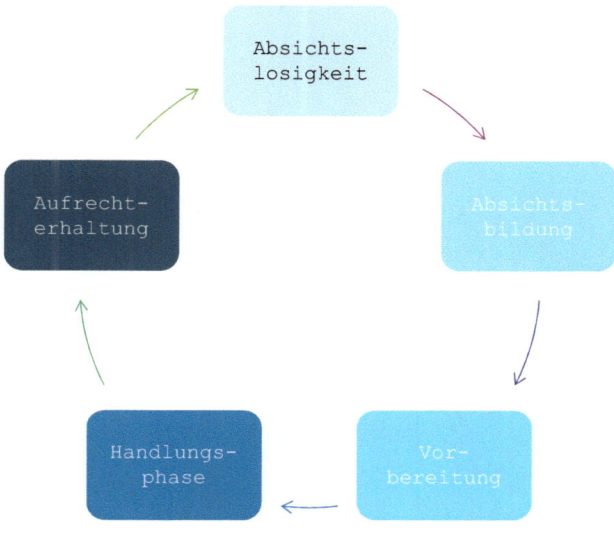

Literatur

DiClemente, C. C., Prochaska, J. O., Fairhurst, S. K., Velicer, W. F., Velasquez, M. M., & Rossi, J. S. (1991). The process of smoking cessation: an analysis of precontemplation, contemplation, and preparation stages of change. *Journal of Consulting and Clinical Psychology, 59*(2), 295–304.

Harkin, B., Webb, T. L., Chang, B. P. I., Prestwich, A., Conner, M., Kellar, I., Benn, Y., & Sheeran, P. (2016). Does monitoring goal progress promote goal attainment? A meta-analysis of the experimental evidence. *Psychological Bulletin, 142*, 198–229.

Jähne, A., & Schulz, C. (2018). *Grundlagen der motivierenden Gesprächsführung*. Junfermann.

Joosten, E. A. G., DeFuentes-Merillas, L., de Weert, G. H., Sensky, T., van der Staak, C. P. F., & de Jong, C. A. J. (2008). Systematic review of the effects of shared decision-making on patient satisfaction, treatment adherence and health status. *Psychotherapy and Psychosomatics, 77*, 219–226.

Kanfer, F. H., Reinecker, H., & Schmelzer, D. (2012). *Selbstmanagement-Therapie*. Springer.

Klappheck, M. A., & Michalak, J. (2009). Patientenziele und Therapieerfolg. *Zeitschrift für Klinische Psychologie und Psychotherapie, 38*(1), 24–33.

Lambert, M. J., & Ogles, B. M. (2004). The efficacy and effectiveness of psychotherapy. In M. J. Lambert (Hrsg.), *Bergin and Garfield's handbook of psychotherapy and behavior change* (S. 139–193). Wiley.

Law, D. (2018). Goal-oriented practice. In M. Cooper & D. Law (Hrsg.), *Working with goals in psychotherapy and counselling*. University Press.

Miller, W. R., & Rollnick, S. (1991). *Motivational interviewing: Preparing people to change addictive behavior*. Guilford Press.

Tryon, G. S., & Winograd, G. (2011). Goal consensus and collaboration. *Psychotherapy, 48*, 50–57.

Kriterien für gute Therapieziele

▶ **ZIEL** Überprüfen können, ob festgelegte Therapieziele sinnvoll und konstruktiv zu nutzen sind oder angepasst werden sollten

Vorab ist mir wichtig zu betonen, dass die nun folgenden Ausführungen zu guten Therapiezielen als Leitlinien zu verstehen sind, die Orientierung bieten sollen, um eine Annäherung an ideale Therapieziele zu schaffen. In der therapeutischen Realität ist es sehr häufig nicht möglich, alle genannten Kriterien wirklich umzusetzen und das ist **nicht** problematisch. Problematisch ist es, sich gar keine Zeit für die Zielfindung zu nehmen und sich nach dem Motto „Der Weg ist das Ziel" einfach in einen therapeutischen Prozess zu stürzen. Ich habe häufig erlebt, dass gerade junge Kolleginnen sich von Kriterien für Therapieziele abschrecken und entmutigen lassen, das soll hier keinesfalls passieren. Es ist sinnvoll, die Kriterien im Hinterkopf zu haben und festgelegte Ziele auch nach der Stunde noch einmal einer Prüfung zu unterziehen, um es sich nicht unnötig schwer zu machen mit unerreichbaren Zielen, die nicht hilfreich sind. Ich bin dennoch überzeugt davon, dass ein tendenziell unrealistisches oder in sonstiger Art nicht optimales Ziel keinen größeren Schaden anrichtet als ein überhaupt nicht festgelegtes Ziel. Ich möchte daher Mut machen, sich zu trauen, auch mit unperfekten Zielen zu beginnen und sich eher kontinuierlich mit dem Thema zu befassen und so mehr und mehr ein Gespür für gute Therapieziele zu entwickeln.

Generell kann für die Einschätzung von guten Therapiezielen die *SMART*-Formel (Drucker, 1995) zur Anwendung kommen, die eigentlich aus der Managementforschung stammt. Das Akronym *SMART* steht für: *specific* (spezifisch), *measurable* (messbar), *achievable* (erreichbar), *reasonable* (angemessen/vernünftig/akzeptabel/realistisch) und

---

Ergänzende Information Die elektronische Version dieses Kapitels enthält Zusatzmaterial, auf das über folgenden Link zugegriffen werden kann [https://doi.org/10.1007/978-3-662-70256-7_5].

time-bound (terminiert). Weitere für Therapieziele sehr wichtige Kriterien sind die positive statt einer negativen Formulierung sowie die Attraktivität für die Patientin.

Eine hilfreiche Metapher für die Festlegung eines Ziels ist die Segel-Metapher, die in der *ACT*-Therapie verwendet wird. Man kann sich vorstellen, dass jeder Mensch als kleines Segelschiff auf dem offenen Meer des Lebens unterwegs ist, mit der Möglichkeit, jede Richtung einzuschlagen. In der *ACT* ist der eigentlich noch wichtigere Punkt der, sein Segelschiff nach seinen Werten auszurichten, die in diesem Bild als Fixsterne definiert werden können (s. dazu auch Kap. 9). Fixsterne definieren die Richtung, den Kurs des Segelns, ohne, dass sie Ziele sind, die erreicht werden könnten. Für unser Thema der Zielfestlegung wichtiger ist die Vorstellung von Etappenzielen beim Segeln, die sehr wohl erreicht werden können (und die idealerweise auf dem Kurs der Werte liegen – eine kurze Ausführung zum Zusammenhang von Werteorientierung und Therapiezielen findet sich in Kap. 9). Mit einer guten Zieldefinition entscheiden wir uns also bildlich gesprochen für einen nächsten Hafen, den wir als nächstes anvisieren. Mit diesem Bild können die *SMART*-Komponenten auch sinnvoll definiert werden, wie im Folgenden zu sehen sein wird.

Arbeitsblatt 1 beinhaltet eine Übersicht der Kriterien in Form einer Checkliste, mit der Therapieziele rasch auf ihre Güte geprüft werden können.

5.1 Spezifische Therapieziele

Spezifisch bedeutet auf Ziele bezogen: klar, deutlich und unmissverständlich. Gut vorstellbar wird dieses Kriterium, wenn man es vom Gegenteil her definiert: Unspezifische, vage, unklare Therapieziele machen eine Therapieplanung schwierig, sind aber oft das, was Patienten spontan äußern können. Typische Beispiele sind Aussagen wie „Ich möchte, dass es mir besser geht" oder „Ich möchte die dauernde Traurigkeit loswerden". Solche Äußerungen können durchaus ein Startpunkt für die Zielfestlegung sein, sollten aber idealerweise nicht in der Art stehengelassen werden, da solche unspezifischen Ziele keine Hilfe sind. Der Grund ist, dass unspezifische Ziele nicht in der Lage sind, eine auch nur ungefähre Richtung für einen Weg vorzugeben. Denken wir an die genannte Segelmetapher: Man kann sich vorstellen, dass ein gutes Ziel spezifisch genug ist, um einen Korridor hin zur Erreichung zu eröffnen. Dieser Korridor kann aufgrund der Komplexität psychotherapeutischer Themen nicht ganz eng sein, es ist vollkommen in Ordnung, wenn eine Bandbreite an Möglichkeiten bzw. Interventionen hin zum Ziel offenbleibt. Es gibt nur wenige Therapieziele, die mit ihrer Festlegung keinen großen Spielraum mehr offenlassen. (Ein Beispiel sind Angstsymptome in der Verhaltenstherapie: Hier ist üblicherweise schon mit der Zielfestlegung „Reduktion von Angst" festgelegt, dass es in der ein oder anderen Form um Expositionsbehandlung gehen wird.) Der durch ein Ziel festgelegte Möglichkeitenkorridor kann also je nach Ziel und Gesamtkonstellation eher eng oder breit sein. Ein zu unspezifisches Ziel gibt aber auch nicht einen sehr breiten Korridor vor, sondern definiert bildlich gesprochen nicht einmal die grobe Windrichtung der Psychotherapie. Nach der Festlegung eines zu unspezifischen Ziels ist man also so klug wie zuvor auch, es ist nicht hilfreich für die Konkretisierung einer Behandlungsplanung. Ich betone aber: Es macht zunächst mal auch nichts schlimmer als vorher und es kann oder muss auch manchmal der Ausgangspunkt für eine spezifischere Zielfestlegung sein, zum Beispiel mit Hilfe der Fragen, die in der Box weiter hinten in diesem Kapitel aufgeführt werden.

5.2 Messbare Therapieziele

Das zweite Kriterium für gute Therapieziele ist die Messbarkeit. Die Frage lautet also: Gibt es eine Möglichkeit, den Fortschritt hin auf das genannte Ziel zu messen? Eine elegante Möglichkeit, diese Messbarkeit bei jedem festgelegten Ziel herzustellen, ist die Durchführung eines *Goal Attainment Scaling* (s. Kap. 7). Damit ist es möglich, für jedes individuell festgelegte Ziel eine eigene Mess-Skala zu bilden und die erreichte Verbesserung auf einer eigens entwickelten Zielerreichungs-Skala festzulegen. Erfahrungsgemäß fällt den meisten Patienten die Benennung des erreichten Fortschritts in Zahlenwerten recht leicht. Diese Strategie wird in der kognitiven Verhaltenstherapie in verschiedenen anderen Zusammenhängen auch verwendet, wie bei Fragen wie „Auf einer Skala von 1 bis 10, wie stark ist ihr Wunsch nach Veränderung?". Die genaue Vorgehensweise der *GAS* wird in Kap. 7 erläutert. Eine andere Möglichkeit, einen Zielfortschritt zu messen, ist der Einsatz von psychometrischen Verfahren. Für jede Symptomatik liegen mittlerweile gut validierte Messinstrumente vor, die für eine Verlaufsmessung der Symptomatik geeignet sind. Wichtig ist, darauf zu achten, dass es sich wirklich um Verlaufs-Messinstrumente handelt, die geeignet sind, einen Therapiefortschritt zu messen. Für eine Erst-Messung kann das *Berner Inventar für Therapieziele* als Messinstrument zum Einsatz kommen (Grosse Holtforth, 2001; Michalak et al., 2007), mit dem zwar nicht der Verlauf der einzelnen Ziele, aber in Form einer Checkliste im Verlauf die Richtigkeit der verfolgten Ziele überprüft werden kann. Es wäre unrealistisch, für jedes Therapieziel ein validiertes Messinstrument nutzen zu können, obwohl es für einzelne symptomzentrierte Ziele durchaus möglich ist. Wichtig ist vor allem, dass Ziele so operationalisiert werden, dass es beobachtbare Marker gibt, um zu überprüfen, ob sich der Prozess auf das Ziel zu bewegt oder nicht. Daher ist ein gutes Ziel im Hinblick auf Messbarkeit z. B.: „Ich möchte 10 kg Gewicht zunehmen", ein weniger gutes Ziel wäre „Ich möchte mich mit meinem Gewicht wohler fühlen". In der Segelbild-Metapher sollte also die Möglichkeit bestehen, die Distanz zum Ziel-Hafen mit einem Instrument messen zu können.

5.3 Erreichbare Therapieziele

Im Sinne der *SMART*-Komponenten sollte ein gutes Ziel erreichbar sein. Auf die Psychotherapie bezogen, stellt sich die Frage, ob das Erreichen innerhalb des Zeitraums der Psychotherapie erfolgen muss, oder ob es auch ausreichend ist, einen Teil des Wegs in

Richtung des Ziels gemeinsam zu gehen und der Patient den letzten Teil (eventuell auch die zweite Hälfte) allein schafft. Bezüglich dieser Frage gibt es verschiedene Varianten und es hängt zum Teil einfach von den Vorlieben der Psychotherapeutin ab, ob sie Ziele lieber kleiner und sicher erreichbar im Rahmen des psychotherapeutischen Prozesses festlegt, oder ob sie lieber etwas größere, auch erreichbare Ziele festlegt, die unter Umständen nicht mit dem Ende der Psychotherapie vollumfänglich erreicht sind, aber die Weichenstellung erfolgt ist und das Werkzeug für den weiteren Weg auf jeden Fall vom Patienten nutzbar ist. Außerdem gibt hier auch der von außen festgelegte Rahmen vor, welche Ziele z. B. im von Kostenträgern gegebenen Umfang möglich sind. Größere Ziele haben den Vorteil, unter Umständen die Motivation stärker zu fördern, kleinere Ziele geben eher die Sicherheit, dass man nicht zu viel verspricht, wenn man sie als erreichbar einstuft. Hier gibt es nicht die eine richtige Vorgehensweise, die genaue Formulierung in Bezug auf Erreichbarkeit hängt sowohl, wie gesagt, von den Vorlieben des Psychotherapeuten ab, wie auch von Patientenvariablen wie Motivation und Persönlichkeitsstruktur. Bezüglich der Frage „bis wann genau erreichbar" besteht also Flexibilität. Um die Segel-Metapher erneut heranzuziehen: Ob die Kapitänin auf dem Schiff sich den Endpunkt der Segelroute an ihre Pinnwand heftet oder ob sie jeden Tag den nächsten anzusteuernden Hafen für den Abend anvisiert, ist ihr selbst überlassen. Ein anderes Beispiel ist Joggen: Ob man sich von Beginn an auf das Bild fokussiert, wie man am Ziel ankommt, oder ob man sich jeweils auf den nächsten Kilometer fokussiert, ist individuell verschieden und Geschmackssache. Manche Menschen können besser mit der einen, manche mit der anderen Methode arbeiten. Nicht verhandelbar ist aber, dass das Ziel prinzipiell für den Patienten erreichbar sein muss. Es sollte sich also nicht um eine Utopie handeln und nicht um ein Ziel, das so umfassende Änderungen erfordern würde, dass ein Erreichen oder auch nur teilweises Erreichen unrealistisch ist. Im Segelbild gesprochen: Wenn ich auf dem Mittelmeer unterwegs bin, sollte das Ziel nicht im indischen Ozean liegen. Häufig zeigt sich dieses Thema in Formulierungen von Patienten wie „Ich möchte nie mehr sozial unsicher sein" oder „Die Angst soll weg sein". Diese Ziele würden nicht als erreichbar eingestuft werden, weil sie zu extrem formuliert sind und daher für niemanden erreichbar sind. Absolute negative Formulierungen sind daher immer problematisch, da die Erreichbarkeit nicht gewährleistet werden kann und auch, weil es sich dann um Vermeidungs- statt um Annäherungsziele handelt (s. weiter unten im Kapitel). Erreichbarere Umformulierungen der o. g. Ziele wären „Ich möchte mich meistens sozial kompetent fühlen" und „Ich kann die Angst, wenn sie auftritt, gut regulieren". Auch unter den Bereich „Erreichbarkeit" fällt die Einschätzung, ob das genannte Ziel ausreichend im Einflussbereich des Patienten liegt oder ob das Ziel zu sehr von anderen Personen oder Dingen abhängt, auf die der Patient keinen Einfluss nehmen kann. Dieses Thema wird häufig wichtig, da Patienten bei ihrer Zielformulierung häufig nicht berücksichtigen, welche Prozesse Psychotherapie unterstützen kann und welche nicht. Gerade bei Partnerschaftsproblemen kommt diese Frage häufig auf. So verständlich Wünsche wie „Wenn meine Frau doch nur anders wäre ..." im Einzelfall sein mögen, so wichtig ist es aber auch, als Psychotherapeut frühzeitig (und die Zielfestlegung eignet sich dafür optimal) darüber aufzuklären, was Psychotherapie kann und was sie nicht kann. Das Verhalten der Frau zu ändern, liegt nicht im Einflussbereich des Patienten und damit auch nicht im Einflussbereich der Psychotherapie. Eventuell gibt es an dieser Stelle die Möglichkeit, zu prüfen, wo der Problembereich auch im Einflussbereich des Patienten liegen könnte. Dies stellt gleichzeitig eine erste Intervention dar im Sinne der Stärkung der Selbstverantwortung. So könnte eventuell ein Ziel formuliert werden wie: „Ich möchte mit meiner Frau transparent und wertschätzend kommunizieren" oder auch „Bei Abwertungen möchte ich mich selbstbewusst gegen meine Frau abgrenzen".

5.4 Angemessene Therapieziele

Für das englische *reasonable* ist es schwierig, eine griffige deutsche Übersetzung zu finden. Es bedeutet sowohl „angemessen" als auch „vernünftig", „akzeptabel" und „realistisch". Es geht also darum, dass ein Ziel von Psychotherapeutin und Patientin gemeinsam als passend angesehen wird, als ein Zielpunkt, der Sinn ergibt, der adäquat und mit gutem Gewissen verfolgt werden kann. Damit ist dies auch das Kriterium, bei dem die Psychotherapeutin überprüfen sollte, ob keine ethischen oder persönlich moralischen Aspekte gegen die Verfolgung des Ziels sprechen. Hier dürfen und sollen die subjektiven Grenzen der Psychotherapeutin einfließen. Es gibt zum Beispiel Paartherapeutinnen, die aufgrund ihrer persönlichen Überzeugungen keine Paartherapien mit dem Ziel einer Trennungsberatung anbieten. Diese Paartherapeutinnen definieren also Trennung nicht als angemessenes Ziel für eine Paartherapie bei ihnen. Auch wenn sicher nicht alle Paartherapeutinnen diese Meinung teilen würden, ist es vollkommen in Ordnung, wenn manche Kolleginnen dies für sich subjektiv festlegen. Ein anderes Beispiel ist das Ziel einer alkoholabhängigen Patientin, weiterhin zu trinken, aber kontrolliert, also in geringerem Ausmaß. Es ist der Psychotherapeutin überlassen, ob sie das Ziel „kontrolliertes Trinken", das aus fachlicher Sicht sicher kritisch gesehen werden kann (s. Pro & Kontra, 2005; Helzer et al., 1985), als nicht angemessen ablehnen möchte, da sie die Gefahr eines Rückfalls als zu hoch einschätzt. Ebenso möglich wäre es, je nach Konstellation des Falles, im Sinne eines *harm-reduction*-Ansatzes das Ziel *kontrolliertes Trinken* zu akzeptieren. Es gibt in den beschriebenen Konstellationen kein definitives „Richtig" oder „Falsch". Gerade beim Kriterium *Angemessenheit* bewegt sich die Psychotherapeutin mit Ihrer Einschätzung sozusagen immer im Bereich „Es kommt darauf an". Ich erinnere an das Beispiel aus Kap. 3 mit dem Patienten, der als Therapieziel vorschlug, ihn bei einem Berufsweg als Zuhälter zu unterstützen. Da Prostitution in Deutschland nicht mehr per se verboten ist, gilt dies auch für eine Arbeit als Zuhälter, und es gäbe vielleicht Psychotherapeutinnen, die dieses Ziel für den Patienten als angemessen definiert hätten. Auch hier lag eine nur persönliche moralische Grenze bei mir vor, die noch nicht eine wichtige Grenze der Angemessenheit überschritten hatte: Jedes klar illegale Ziel befindet sich nicht mehr im Bereich „persönlich moralische Einschätzung", sondern im objektiv als nicht angemessen definierbaren Bereich. Das gleiche gilt für Ziele, die primär dazu dienen, anderen Menschen oder Lebewesen Schaden zuzufügen. Gleichzeitig geht es ebenso darum zu prüfen, ob das Therapieziel auch für die Patientin angemessen ist, d. h. geeignet, sie bestmöglich bei dem zu unterstützen, was sie anstrebt. Hier ist auch die Stelle, über Nebenwirkungen nachzudenken und zu prüfen, ob das Ziel das sinnvollste Ziel ist, um eine Besserung für die Patientin zu erreichen oder ob andere Ziele in einem ersten Schritt sinnvoller, da deutlich nebenwirkungsärmer wären. Ein Beispiel: Eine Patientin schaffte es nicht, ihre Bedürfnisse zu priorisieren, sondern priorisierte stets die Bedürfnisse ihres Ehepartners. Sie selbst zog daraus den Schluss, dass sie sich von ihrem Mann trennen müsse und wollte dies als Therapieziel festlegen. Bei Prüfung der Angemessenheit des Therapieziels stellte sich die Frage, ob andere, nebenwirkungsärmere Ziele schon versucht wurden zu erreichen, konkret die Priorisierung ihrer Bedürfnisse innerhalb der Ehebeziehung. In diesem Beispiel wurde deutlich, dass die Patientin bisher kaum mit ihrem Ehepartner kommuniziert hatte und ihm vermutlich gar nicht klar war, dass sie ihre Bedürfnisse seit Jahren hintenangestellt hatte. Daher wurde als erstes Ziel mehr Kommunikation ihrer Bedürfnisse mit dem Mann festgelegt sowie eine stärkere Priorisierung ihrer Bedürfnisse, ohne sich sofort zu trennen.

5.5 Zeitlich festgelegte Therapieziele

Für dieses Kriterium hilft in der Psychotherapie meist der durch äußere Strukturen vorgegebene Rahmen, sei es die bewilligte Stundenanzahl einer ambulanten Psychotherapie oder der vorgegebene zeitliche Rahmen einer stationären Behandlung. Meine persönliche Erfahrung ist, dass es bei Nicht-Vorliegen einer solchen äußeren Struktur hilfreich ist, diese mit dem Patienten selbst festzulegen, also z. B. bei selbstzahlenden Personen zu besprechen, dass wir zunächst 20 Stunden Behandlung planen, oder auch ein Ziel für jede Stunde festzulegen und nicht über die Einheit einer Stunde hinaus zu planen. Dies ist häufig eine sinnvolle Strategie bei Selbsterfahrungs- oder Persönlichkeitsentwicklungs-Anliegen. Die Zielfestlegung für eine einzelne Stunde sollte naturgemäß innerhalb eines überschaubaren Zeitrahmens erfolgen (zur genaueren Umsetzung dieser Strategie s. Kap. 8). Eine zeitliche Festlegung gemeinsam mit dem Patienten ist immer hilfreich mit Fragen wie „Wie lange sollten wir uns für die Erreichung dieses Ziels Zeit nehmen?". Auch wenn Patienten manchmal aufgrund mangelnder Erfahrung keine realistische Vorstellung davon haben, wie viel Zeit die Erreichung von Zielen erfordern könnte, ist die Besprechung dieses Themas umso wichtiger, um auch hier unrealistische Vorstellungen frühzeitig entkräften zu können und eine möglichst angemessene Idee von den Möglichkeiten psychotherapeutischer Arbeit zu implementieren. Das ist übrigens in beide Richtungen möglich: Gerade depressive Patienten malen auch in Bezug auf Zielerreichung naturgemäß eher schwarz und es kann dann eine erste therapeutische Intervention sein, ihnen zu vermitteln, dass z. B. die Besserung einer Antriebsstörung schnell möglich sein kann und dafür nicht 2 Jahre Psychotherapie notwendig sind. Auch bei der zeitlichen Festlegung ist sinnvoll, sich an das Bild eines Korridors zu erinnern: Da es unmöglich ist, zu Beginn einer Psychotherapie den Verlauf schon ganz genau abzuschätzen, ist es ebenso unmöglich, eine punktgenaue Anzahl an Stunden oder Monaten für eine Zielerreichung zu nennen. Hier hängt dieses Kriterium mit der *Erreichbarkeit* des Ziels zusammen: Es hängt von vielen Faktoren im Verlauf der Behandlung ab, ob das festgelegte Ziel ein gutes Stück vor dem besprochenen Zeitpunkt oder auch ein ganzes Stück danach erreicht werden kann. Hier entsteht vor allem für noch unerfahrene Psychotherapeuten naturgemäß das Problem, dass ihnen Erfahrungswerte fehlen, welches Ziel in welcher Zeit ungefähr erreichbar sein könnte. Daher ist es sehr sinnvoll, die Zielfestlegung als eines der wichtigsten Themen in der Supervision anzusehen, wie es auch York und Kingsbury (2013) erläutern. Außerdem zeigt die Erfahrung aber auch, dass bei manchen Zielen der Korridor der benötigten Zeitspannen sehr breit ist. Manche Patienten erreichen das Ziel „Ich möchte besser mit dem Tod eines vertrauten Menschen umgehen und weniger emotional belastet sein" nach wenigen Sitzungen, manche brauchen dafür eine ambulante Langzeittherapie mit 60 Stunden. Dies liegt daran, dass sich hinter dem gleichen Ziel eine riesige Bandbreite an möglichen Fall-Konstellationen verbergen kann. Man kann sich gut vorstellen, dass in dem genannten Beispiel Faktoren wie Ressourcen des Patienten, Umstände des Todes, aktuelle Lebenssituation und vieles mehr hochrelevant zum Verlauf und zur Dauer des Prozesses beitragen. Aber auch auf den ersten Blick ähnliche Konstellationen können am Ende sehr unterschiedlich schnell in der Zielerreichung sein. Daher gilt bei diesem Kriterium, dass ein Vorgehen nach der Schritt-für-Schritt-Methode mit vielen Zwischenevaluationen bezüglich der Zielerreichung helfen kann. Am Wichtigsten ist im Grunde, dass die Zielfestlegung mit einer zeitlichen Begrenzung den Fokus auf die Tatsache legt, dass Psychotherapie ein zeitlich begrenzter Prozess ist.

5.6 Attraktive Therapieziele

Ein Therapieziel kann *spezifisch*, *messbar*, *angemessen* und *zeitlich festgelegt* sein: Wenn es für die Patientin nicht *attraktiv* ist, kann es nicht als gutes Therapieziel gelten und wird nicht hilfreich sein. Das Kriterium Attraktivität wird in der *SMART*-Formel teilweise mit in das „A" aufgenommen, da ich es aber entscheidend wichtig finde, erhält es hier einen eigenen Unterpunkt. An dieser Stelle ist es entscheidend zu überprüfen, ob die Patientin wirklich zur Erreichung dieses Ziels motiviert ist. Eine Falle liegt darin, automatisch davon auszugehen, dass bestimmte Ziele attraktiv sein sollten. Bestes Beispiel sind auch hier die Suchterkrankungen: Intuitiv gedacht, sollte es für jeden Suchtpatienten ein attraktives Ziel sein, Abstinenz von seinem Suchtmittel zu erreichen. Dies ist aber häufig aus ganz unterschiedlichen Gründen nicht der Fall. Wenn nicht genau geprüft wird, ob das ausgewählte Ziel ausreichend Aufforderungscharakter für die Patientin hat, kann es zu stockenden Therapieverläufen kommen (s. auch Kap. 10). Gerade bei diesem Kriterium ist es sinnvoll, es im Verlauf immer mal wieder zu überprüfen, auch um die Motivation für den Weg zum Ziel zu stärken, falls notwendig. Das Kriterium *Attraktivität* hängt wieder eng mit dem Kriterium *Erreichbarkeit* zusammen und kann in die oben genannten Überlegungen zur Größe des festzulegenden Ziels einfließen. Es kann sinnvoll sein, das Ziel eher etwas größer und damit ein Stück schwerer oder zeitlich verzögerter erreichbar zu definieren, wenn dadurch die Attraktivität deutlich ansteigt. Man erkauft sich sozusagen mit dem etwas höheren Risiko der Nicht-Erreichbarkeit eine deutlich stärkere Therapiemotivation. Dieses Austarieren zwischen den verschiedenen Kriterien ist ein Teil der komplexen Aufgabe der Psychotherapeutin im Rahmen der Zielfestlegung. Um unsere Segelmetapher heranzuziehen: Es kann sinnvoll sein, die etwas längere und herausforderndere Etappe zu wählen, wenn der dadurch zu erreichende Hafen um ein Vielfaches attraktiver ist als der einfacher zu erreichende Hafen und dadurch die Motivation und Belastbarkeit während des Segelns entsprechend höher ist. Dies hängt auch mit der Priorisierung von Therapiezielen zusammen, die in Kap. 6 erläutert wird. Es kann für die Steigerung der Behandlungsmotivation sinnvoll sein, ein sehr attraktives Ziel zu priorisieren, auch wenn es eventuell nicht das aus fachlichen Gründen wichtigste Ziel ist (s. Kap. 6). Es ist auch sinnvoll, sich das erste Anliegen aus dem Erstgespräch, also zum Beispiel die Antwort auf die Frage „Was führt Sie zu mir?" zu notieren und bei der Zielfestlegung darauf zu achten, dass dieser primäre Behandlungsanlass sich zumindest in den ersten zwei festgelegten Zielen wiederfindet. Es kann vorkommen, dass Patienten sehr unsicher sind und im Erstgespräch ein Schein-Anliegen voranstellen, weil das eigentliche Anliegen zum Beispiel noch zu schambehaftet ist, dies ist aus meiner Erfahrung aber eher selten. Im überwiegenden Teil der Fälle kann man davon ausgehen, dass die Patienten sich zum Erstgespräch vorgenommen haben, mindestens eins der Themen anzusprechen, das ihnen wirklich am Herzen liegt.

5.7 Annäherungs- statt Vermeidungsziele

Zahlreiche Forschungsartikel zeigen den Zusammenhang von besserem *Therapieoutcome* und dem Vorliegen von mehr *Annäherungszielen* als *Vermeidungszielen* (u. a. Wollburg & Braukhaus, 2010; Grosse Holtforth et al., 2006; Grawe, 2004). Das bedeutet, dass Therapieziele wenn möglich positiv formuliert sein sollten, also „Ich möchte die Straßenbahn wieder nutzen können" statt „Ich möchte Straßenbahn fahren nicht mehr vermeiden". Das ist aus motivationspsychologischer Sicht plausibel: Auf eine Sache zuzugehen, hat höheren Aufforderungscharakter, als eine Sache nicht zu tun. Außerdem lässt sich ein negativ formuliertes Ziel strenggenommen nie dauerhaft erreichen: Selbst wenn ich aktuell keine Angst habe, kann es jederzeit sein, dass sie doch wieder auftritt, womit dann das gesamte Ziel, „keine Angst mehr zu haben", nicht mehr als erfüllt gelten kann. Positive Formulierungen, eventuell noch mit einer Häufigkeitsangabe wie „meistens" oder „üblicherweise" erlauben da deutlich mehr Spielraum. Ein Beispiel: Das Therapieziel „Ich möchte mehr Zeit mit meinen Enkeln verbringen" kann auch dann noch als erfüllt gelten, wenn zwischenzeitlich doch noch ein schlechter Tag aufgetreten ist, an dem der mit den Enkeln vereinbarte Termin abgesagt werden musste. Noch besser ist es, wenn das Ziel heißt „Ich möchte es meistens schaffen, meine Enkel wöchentlich zu sehen". Meistens erlaubt schlechte Tage, auch schlechte Wochen, in denen die Zielerreichung schwieriger ist als in anderen Wochen, ohne dass das Ziel nicht erreicht wurde. Gleichzeitig gilt gerade für dieses Kriterium: einfacher gesagt als getan ... Patientinnen kommen mit einer Fülle von Vermeidungszielen. Manche davon lassen sich gut und elegant in Annäherungsziele umformulieren, bei anderen wird es deutlich schwieriger. Es besteht durchaus eine Chance darin, sich diese Mühe zu machen: Wenn das Ziel z. B. ist, weniger Angst zu haben (was ein eher schwieriges Therapieziel ist, da wir mit psychotherapeutischen Interventionen höchstens indirekt die Häufigkeit von Angstgefühlen beeinflussen), können folgende Fragen helfen:

- Was möchten Sie stattdessen?
- Was könnten Sie tun, wenn Sie weniger Angst hätten?
- Wieso wäre es für Sie wichtig, weniger Angst zu haben?
- Was wäre anders mit weniger Angst?

Wie man sich vorstellen kann, gelangt man so zu ganz anderen Themen, die geeignetere Therapieziele darstellen und die trotzdem eine ähnliche Richtung beinhalten wie das ursprüngliche Anliegen der Patientin. Es gibt viele gute Gründe, dieses Kriterium ernst zu nehmen, nicht zuletzt die Studienergebnisse, die deutlich die Vorteile positiv formulierter Ziele zeigen. Dennoch kann es auch für den Prozess hinderlich sein, ein Dogma aus der positiven Formulierung zu machen. Wenn eine Patientin sehr belastet ist, große Mühe hatte, sich zu einer Psychotherapie zu überwinden und die Motivation entsprechend noch fragil ist, wäre es eventuell ein Fehler, in der Zielfindung zu sehr auf für die Patientin vielleicht nur semantischen Unterschieden „herumzureiten" oder ihre Formulierungen in ein komplett anderes Thema umzuwandeln (z. B. aus „Ich möchte weniger Angst haben" wird unter Umständen „Ich möchte mehr Zeit mit meinen Enkeln verbringen"). Es ist wichtig, hier ein gutes Mittelmaß zu finden zwischen dem Versuch, ein Annäherungsziel zu erreichen und der Gefahr, eine bestehende Motivation auszubremsen durch zu strenges Umformulieren. Daher gibt es in meiner Praxis nicht wenige Flipcharts, auf denen Ziele festgehalten sind, die ich in Workshops zur Zielfindung aus didaktischen Gründen eher nicht zeigen würde. Aufmerksam sollte man bei Patientinnen sein, denen es auch in verschiedenen Zielen immer wieder nicht gelingt, auch nur eine teilweise positive Formulierung zu finden oder sie mit Unterstützung der Psychotherapeutin anzunehmen: Dies kann mindestens ein diagnostischer Hinweis sein, z. B. für eine chronisch depressive Symptomatik oder auch für eine Persönlichkeitsakzentuierung und ist oft schon eine wichtige Information für die therapeutische Beziehungsgestaltung.

5.8 Patientinnen, die nicht in der Lage sind, Ziele festzulegen

Und schließlich kann es auch sein, dass eine wichtige diagnostische Information darin besteht zu erkennen, dass der Patient nicht in der Lage ist, ein Ziel, das annähernd den genannten Kriterien entspricht, zu formulieren. Dann können mindestens 3 verschiedene Ursachen vorliegen: Erstens *fehlende Kompetenzen*, die eventuell gemeinsam erarbeitet werden könnten. Zweitens eine *krankheitsbedingte Unfähigkeit*, z. B. zu starke kognitive Einschränkungen oder zu starke emotionale Überforderung und drittens eine *Überforderung* mit diesem bestimmten Thema, einer so hohen Belastung, dass eigentlich vorhandene Problemlösekompetenzen blockiert sind. Je nach Ursache sind unterschiedliche Strategien für die Psychotherapeutin sinnvoll: Im ersten Fall ist es wichtig zu prüfen, ob die fehlenden Kompetenzen mit Hilfe der Psychotherapie erarbeitet werden können und ob es sinnvoll ist, diese Zeit zu investieren. Wie auch bei einem Problemlösetraining kann es sehr sinnvoll sein, die Patientin im Erlernen von Zielfindungs-Kompetenzen zu unterstützen und ihr damit ein Werkzeug an die Hand zu geben, das sie in ganz verschiedenen Situationen, nicht nur für die Festlegung von Therapiezielen, nutzen kann. Hier wäre es also z. B. eine Möglichkeit, die hier auch beschriebenen *SMART*-Komponenten mit der Patientin gemeinsam durchzugehen und das Festlegen „*SMART*er" Ziele an wenig emotional belastenden Themen einzuüben. Alternativ kann die Einsicht, dass grundlegende Zielfestlegungskompetenzen fehlen, auch zur Schlussfolgerung helfen, dass es der effizientere Weg ist, mit der in Kap. 3 beschriebenen *Zielorientierung im Hintergrund* zu arbeiten. Dies kann zum Beispiel der Fall sein, wenn der Zeitrahmen sehr begrenzt ist, wie in stationären Reha-Einrichtungen oder in niederschwelligen Beratungsangeboten. In solchen Settings haben Psychotherapeuten oft nur wenige Stunden insgesamt mit einem Patienten zur Verfügung und es muss daher strenger priorisiert werden. Dasselbe gilt für die zweite genannte Ursache, die krankheitsbedingten Einschränkungen. Allerdings ist es hier umso entscheidender, bei einer Zielorientierung im Hintergrund sehr genau in regelmäßigen Abständen zu prüfen, ob die krankheitsbedingte Einschränkung z. B. der Konzentration oder der Emotionsregulation sich schon so weit verbessert hat, dass eine transparente gemeinsame Zielfindung nachgeholt werden kann. So kann es zum Beispiel sein, dass bei einem anfangs schwer depressiven Patienten in einer ambulanten Psychotherapie auch noch in Stunde 30 die Psychotherapeutin das Thema Ziele auf die Tagesordnung setzt und dem Patienten transparent erläutert, welche Ziele sie in der bisherigen Behandlung für den Patienten im Hinterkopf hatte und darum bitten, weitere wichtige Ziele zu erfahren oder die bisher therapeutengeleiteten Ziele zu korrigieren oder anzupassen bzw. zu erweitern. Die dritte genannte Ursache, die Überforderung mit einem speziellen Thema, zeigt sich besonders oft bei interpersonellen Konflikten, die sehr verfahren sind oder bei Lebensentscheidungen wie beispielsweise eine berufliche Veränderung. Hier besteht oft ein ausgeprägter Leidensdruck bei gleichzeitig keinem Zugang mehr zu Lösungswegen, da gerade interpersonelle Konflikte zu Chronifizierung in Sackgassen neigen, die jede Möglichkeit von kreativen Problemlöseideen ersticken. Wenn die Unfähigkeit der Patientin zur Zielfestlegung in dieser Ursache begründet liegt, sollte nicht auf die Zielorientierung im Hintergrund zurückgegriffen werden, da der Psychotherapeut hier dringend darauf angewiesen ist, gut zu verstehen, welche Richtung für die Patientin sinnvoll sein könnte. Solche Problembereiche sind auch anders als Krankheitssymptome keine guten Kandidaten für therapeutengeleitete Ziele aus Erfahrungswerten. Bei einer schweren depressiven Symptomatik ist es durchaus adäquat, das Ziel einer Reduktion dieser Symptomatik zu unterstellen und in diese Richtung zu arbeiten mit allen Interventionen, die üblicherweise verwendet werden, in der Verhaltenstherapie also Aktivitätenplanung, Tagesstrukturierung, angenehme Aktivitäten und auch die Vermittlung an einen Psychiater zur pharmakologischen Mitbehandlung. Bei einem interpersonellen Konflikt oder einer Lebensentscheidung dagegen gibt es keine Richtung, die für die meisten Patienten adäquat ist und es droht die Falle für die Psychotherapeutin, aus eigenen Lebenserfahrungen oder eigenen Werten implizite Ziele anzunehmen. („Den Beruf würde ich auch nicht machen wollen", „Mit dem Mann kann man doch nur unglücklich sein"). In diesen Fällen ist es hilfreicher, alternative kreative Herangehensweisen an die Zielfindung zu wählen, wie sie in Kap. 8 beschrieben sind. Gerade die beschriebenen Wege mit kreativen Methoden, Imaginationen oder anderen Visualisierungen können hier sehr wertvoll sein. Die erste und wichtigste Strategie ist es in solchen Fällen, das Ziel in kleinere Teilziele zu unterteilen, die eventuell besser zugänglich sind. So könte ein erstes Ziel bei einem interpersonellen Konflikt oder einer Lebensentscheidung zu sein, zu verstehen, welche Dinge einem in diesem Bereich wichtig sind, wie man diesen Lebensbereich leben möchte, welche Werte man verfolgt etc. Derartige Einsichtsziele können ein Zwischenschritt sein hin zu einer Entscheidung oder Haltung, die vorher gar nicht zugänglich war. Manchmal kann das Teilziel auch sein „Verstehen, warum mir die Zielfestlegung so schwerfällt".

> **Hilfreiche Fragen, um die Patientin bei der Suche nach guten Therapiezielen zu unterstützen**
> Manchen Patienten fällt es schwer, Ziele zu konkretisieren und sie antworten auf Fragen nach ihren Zielen mit pauschalen Aussagen wie „Ich möchte, dass es mir besser geht". Folgende Fragen können für solche Patienten helfen:
>
> - Was könnten Sie tun, wenn es Ihnen besser geht?
> - Woran würden Sie merken, dass es Ihnen besser geht?
> - Woran würde Ihr Umfeld merken, dass es Ihnen besser geht?
> - Wie würden Sie gern mit Ihrem Problem umgehen können?
> - Gibt es Menschen, die Sie beobachten und denken: „So würde ich das auch gerne schaffen?"
> - Was würden Sie gern in der Therapie lernen, was Ihnen das Gefühl geben würde, besser mit den belastenden Themen klarzukommen?
>
> Law (2018) unterscheidet zwischen *vehicle goals* und *destination goals*. Das bedeutet, dass es zwei verschiedene Arten von Zielen gibt: zum einen Ziele, die eher den Weg zum Ziel beschreiben: unter Umständen ist Patienten das Ziel, auf das sie mit diesem Weg zugehen möchten, noch gar nicht ganz klar (Bsp.: „Ich möchte 10 Kilo abnehmen"). Anders formuliert: Patienten nennen in der Antwort auf die Frage nach dem Ziel ein Fortbewegungsmittel hin zu einem Ziel, aber nicht das eigentliche Ziel. Hier ist die simpelste hilfreiche Frage, die eigentlich gar keine voll-

ständige Frage ist, sondern nur das Angebot einer Erweiterung der Formulierung: „Um zu …?" (Lohmann, 2004). Diese zwei Wörtchen stellen häufig einen sehr effektiven Türöffner zum Weiterdenken dar und gleichen in diesem Sinne oft auch einer „Wunderfrage".

Folgender Beispieldialog kann das illustrieren:

Patient: „Ich möchte eine ADHS-Diagnostik durchführen lassen."
Psychotherapeut: „Warum?"
Patient: „Ich möchte wissen, ob ich ADHS habe."
Psychotherapeut: „… um zu …?"
Patient: „Na, um zu verstehen, ob meine Probleme ihre Ursache in dieser Diagnose haben könnten und auch um dann vielleicht Strategien zu erlernen, damit besser umzugehen."

Alternativ könnte man auch „Wozu?" fragen, allerdings kann diese direkte Frage leichter irritieren und gerade Patienten, die noch nicht in einer stabilen therapeutischen Beziehung sind, eher verunsichern. Der kleine Einschub „um zu …?" stellt häufig einen elegantere, weniger offensiv wahrgenommene Einladung zum Weiterdenken dar. Andere hilfreiche Formulierungen könnten sein:

- Haben Sie schon mal überlegt, warum Sie das gerne möchten?
- Welchem Zweck könnte dieses Ziel dienen?
- Wobei würde Ihnen das helfen?
- Was wäre anders, wenn Sie dieses Ziel erreicht hätten?

Wichtig ist, dass mit diesen Fragen nicht das von der Patientin genannte Ziel in Frage gestellt werden soll. Es geht ausschließlich darum, eine Hilfestellung zu geben, das Ziel möglichst konkret und genau zu erfassen. Manchmal kommt es vor, dass sich das Ziel durch solche Fragen noch einmal deutlich ändert, wie in folgendem Beispieldialog:

| Patientin: „Ich möchte gern 10 kg abnehmen." |
| Therapeut: „Was wäre dann anders?" |
| Patientin: „Sie stellen vielleicht Fragen … Hmm, keine Ahnung. Ich glaube, im Grunde erhoffe ich mir mehr Selbstsicherheit dadurch." |

Man sieht also, dass das *vehicle goal* der Gewichtsverlust ist, das *destination goal* ist mehr Selbstsicherheit. Patientin und Therapeut können nun gemeinsam entscheiden, ob sie sich auf diese Ziele einigen können oder ob der Therapeut (z. B. bei einer schon untergewichtigen Patientin) das *vehicle goal* ablehnen muss und die beiden sich stärker auf das *destination goal* und andere Wege zu diesem Ziel fokussieren.

5.8 Patientinnen, die nicht in der Lage sind, Ziele festzulegen

Arbeitsblatt 1
Checkliste Therapieziele zum Ausdrucken

Ist mein festgelegtes Therapieziel…

… spezifisch?

- ☐ Hilft mir das Ziel, die Behandlungsplanung zu konkretisieren?
- ☐ Ist das Ziel klar und deutlich formuliert?
- ☐ Sind sowohl mir als auch der Patientin verwendete Begriffe verständlich?

…messbar?

- ☐ Habe ich ein Goal Attainment Scaling angefertigt, um das Ziel messbar zu machen?
- ☐ Gibt es psychometrische Messverfahren, mit denen die Zielerreichung gemessen werden kann?
- ☐ Kann eine Verbesserung oder Verschlechterung auf eine andere Art ausgedrückt und objektiviert werden?

…erreichbar?

- ☐ Ist die Vorstellung, dass die Patientin das formulierte Ziel erreicht, in nicht zu ferner Zukunft realistisch?
- ☐ Kann das Ziel allein mit psychotherapeutischen Mitteln erreicht werden?
- ☐ Liegt die benötigte Veränderung komplett oder zu sehr überwiegendem Teil im Einflussbereich der Patientin?

…angemessen?

- ☐ Entspricht das Ziel meinen persönlichen ethischen und moralischen Werten?
- ☐ Fügt die Erreichung des Ziels nicht anderen Menschen aktiv Schaden zu?
- ☐ Definiert das Ziel eine Richtung, von der aus fachlicher Sicht wahrscheinlich ist, dass sie zu einer Besserung beiträgt?

…zeitlich festgelegt?

- ☐ Habe ich eine grobe Vorstellung, welcher Zeitrahmen zur Erreichung des Ziels notwendig ist?
- ☐ Ist die Zeitvorstellung mit der Patientin besprochen bzw. ist zumindest der Fakt, dass Psychotherapie zeitlich begrenzt ist, besprochen?

…attraktiv für die Patientin?

- ☐ Führt das festgelegte Ziel dazu, dass die Motivation zur Mitarbeit bei der Patientin eher stärker wird (aber mindestens keinesfalls schwächer)?
- ☐ Steht das erste oder mindestens das zweite Ziel in Zusammenhang mit dem Grund, den die Patientin als erstes Anliegen benannt hat?

…positiv formuliert?

- ☐ Beinhaltet die Zielformulierung mindestens auch positive Beschreibungen?
- ☐ Wenn ein Ziel nicht positiv formuliert werden kann: Sind zumindest die weiteren Ziele der Patientin positiv oder teilweise positiv formuliert?

Literatur

Drucker, P. F. (1995). *People and performance*. Routledge.

Grawe, K. (2004). *Neuropsychotherapie*. Hogrefe.

Grosse Holtforth, M. (2001). Was möchten Patienten in ihrer Therapie erreichen? Die Erfassung von Therapiezielen mit dem Berner Inventar für Therapieziele (BIT). *Verhaltenstherapie und psychosoziale Praxis, 34*, 241–258.

Grosse Holtforth, M., Bents, H., Mauler, B., & Grawe, K. (2006). Interpersonal distress as a mediator between avoidance goals and goal satisfaction in psychotherapy inpatients. *Clinical Psychology and Psychotherapy, 13*, 172–182.

Helzer, J. E., Robins, L. N., Taylor, J. R., Carey, K., Miller, R. H., Combs-Orme, T., & Farmer, A. (1985). The extent of long-term moderate drinking among alcoholics discharged from medical and psychiatric treatment facilities. *New England Journal of Medicine, 312*, 1678–1682.

Körkel, J., Soyka, M., Bottlender, M., & Spanagel, R. (2005). Pro und Kontra: Kontrolliertes Trinken als sinnvolle und notwendige Behandlungsoption. *Psychiatr Prax, 32*(7), 324–326. https://doi.org/10.1055/s-2005-867047

Law, D. (2018). Goal-oriented practice. In M. Cooper & D. Law (Hrsg.), *Working with goals in psychotherapy and counselling*. University Press.

Lohmann, B. (2004). *Effiziente Supervision. Praxisorientierter Leitfaden für Einzel- und Gruppensupervision*. Schneider.

Michalak, J., Grosse Holtforth, M., & Berking, M. (2007). Patientenziele in der Psychotherapie. *Die Psychotherapie, 52*, 6–15.

Wollburg, E., & Braukhaus, C. (2010). Goal setting in psychotherapy: The relevance of approach and avoidance goals for treatment outcome. *Psychotherapy Research, 20*, 488–494. https://doi.org/10.1080/10503301003796839

York, A., & Kingsbury, S. (2013). *The choice and partnership approach: A service transformation model*. CAPA Systems Limited.

Das 1x1 der Zielfestlegung   6

▶ **ZIEL** *Einen groben Gesamtüberblick über die grundsätzliche Vorgehensweise bei der Zielfestlegung geben.*

Nachdem nun erläutert wurde, aus welchen Gründen Therapieziele sinnvoll und wichtig sind und wie gute Therapieziele aussehen, geht dieses Kapitel noch konkreter auf die genaue Umsetzung der Zielfestlegung ein und greift praktisch-organisatorische Aspekte auf.

6.1 Zeitpunkt

Aus einer zielorientierten Sicht ist der beste Zeitpunkt, um Therapieziele festzulegen, so früh wie möglich. Häufig besteht die Sorge, dass noch nicht genügend Informationen vorliegen, um die Ziele festzulegen. Diese Sorge ist meist unbegründet. Am klarsten hat das Bettina Lohmann in ihrem Supervisionskonzept *AZA* umgesetzt (Lohmann, 2004): *AZA* steht für *Anliegen-Ziel-Auftrag* und das Konzept sieht vor, dass in der Supervision vor jedem Bericht oder irgendeiner Art von Informationsvermittlung an die Supervisorin das Ziel für die Supervisionsstunde festgelegt wird. Das Ziel legt dann fest, welche Informationen in welchem Umfang notwendig sind für dieses Ziel. Diese Vorgehensweise ist für die meisten Supervisandinnen zunächst ungewohnt und herausfordernd, da es eine starke Vorstrukturierung erfordert. Von der Supervisorin wird erwartet, dass sie sich zum Zeitpunkt der Zielfestlegung noch nicht von inhaltlichen Aspekten ablenken lässt, sondern sich ganz darauf konzentriert, das sich bildende Ziel für die Supervisionseinheit herauszuarbeiten. Ein Beispiel: Wenn das Ziel der Supervisandin ist, eine Diagnose festzulegen, ergibt ein ausführlicher Fallbericht mit biografischen Informationen (was einen häufigen intuitiven Einstieg in die Supervision darstellt) wenig Sinn und wäre für das vorliegende Ziel in weiten Teilen Zeitverschwendung. Es wird also andersherum zunächst das gewünschte Ziel festgelegt und erst dann wird im Auftrag festgelegt, wer was zur Erreichung des Ziels beisteuern kann (die Supervisandin hat dann üblicherweise den Auftrag, notwendige Informationen zur Erreichung des Ziels zu berichten – aber auch nicht notwendige Informationen wegzulassen). Auf Therapieziele bezogen, ist diese radikale Umsetzung meistens nicht ganz möglich, da es zum Beispiel wichtig sein kann, den Patienten mit seinen Ressourcen und Kompetenzen schon ein bisschen zu kennen, um einschätzen zu können, wie realistisch ein festgelegtes Ziel für diesen Menschen ist. Dennoch ist es sinnvoll, schon im ersten Gespräch auch Therapieziele zu erfragen. Je nach Symptombelastung der Patientin kann das nur kurz sein und ohne schon genauer auszudifferenzieren. Das Erstgespräch ist allerdings oft eine ausgezeichnete Gelegenheit, schon einen ersten Eindruck von den Zielvorstellungen der Patientin zu erhalten und einschätzen zu können, wie die genauere Zielfestlegung aussehen könnte. Je früher in den ersten Stunden dann eine genaue Zielfestlegung erfolgt, desto besser. Gerade bei der Verwendung eines *GAS* besteht bei einer zu späten Zielfestlegung auch die Gefahr, dass erste frühe Behandlungserfolge nicht abgebildet werden, da die Patientin schon gar nicht mehr komplett am Anfang steht, was die Zielerreichung angeht. Empfehlenswert ist es also, die Ziele möglichst vor der genaueren Symptomexploration und der vertieften und biografischen Anamnese festzulegen, idealerweise also in der 2. oder 3. Sitzung. Dies trägt außerdem dazu bei, von Anfang an einen klaren Fokus auf die Zielorientierung zu legen mit allen damit zusammenhängenden Vorteilen (s. Kap. 4). Eine Möglichkeit zur Auflösung des Spagats zwischen einer möglichst frühen Zielfestlegung und dem Wunsch, doch einige Informationen für die Zielfestlegung zur Verfügung zu haben, ist der Selbstmanagement-Ansatz (Kanfer et al., 2012). In diesem wird in einer sehr frühen Phase eine allgemeinere Ziel- und Werteklärung durchgeführt und nach einer weiteren Anamnesephase dann in einer weiteren Phase die konkreten Therapieziele festgelegt und operationalisiert (s. auch Kap. 2). Auf diese Art und Weise kann sowohl das Thema Ziele von Beginn an thematisiert werden und im Fokus liegen und es ist dennoch möglich, die Therapieziele erst dann festzulegen, wenn schon einige anamnestische Informationen vorliegen.

6.2 Therapieziele festlegen

Wenn der Zeitpunkt definiert wurde, geht es konkret darum, Therapieziele festzulegen. An dieser Stelle in einer Psychotherapie (innerhalb der ersten Sitzungen) trifft der Psychotherapeut mehrere Entscheidungen:

a) Ist es mit diesem Patienten möglich, jetzt überhaupt Therapieziele festzulegen oder ist zunächst mal nur eine therapeutische *Zielorientierung im Hintergrund* möglich (s. Kap. 3)?
b) Wenn eine Zielfindung mit dem Patienten geplant ist: Mit welcher Strategie bzw. welcher Methodik möchte ich arbeiten? In den kommenden Kapiteln wird das *Goal Attainment Scaling* als eine Möglichkeit vorgestellt (Kap. 7) und alternativ dazu weitere flexiblere Strategien zur Zielfestlegung (Kap. 8).

Wenn diese Entscheidungen getroffen sind, können die Ziele entsprechend der gewählten Methodik festgelegt werden.

6.3 Anzahl an und Priorisieren von Therapiezielen

Nach der Festlegung der Therapieziele liegt üblicherweise eine Liste mit mehreren Therapiezielen vor. Erfahrungsgemäß sind Patienten mit genau einem Therapieziel selten, häufig und sinnvoll (da noch überschaubar) sind zwei bis maximal fünf Therapieziele. Ein Sonderfall ist teilweise ein Fallbericht oder ein Bericht an den Gutachter, bei dem manchmal auch implizite Therapeutenziele wie „Etablierung einer tragfähigen therapeutischen Beziehung" oder „Erarbeitung eines biopsychosozialen Störungsmodells" aufgelistet werden. Diese können zu den genannten zwei bis fünf Zielen dazu kommen. Die Anzahl hängt auch vom Differenzierungsgrad der festgelegten Ziele ab, teilweise bestehen Überschneidungen zwischen Zielen. Hilfreich ist auch hier eine pragmatische Herangehensweise: Entscheidend ist, dass der Patient sich mit den Zielen identifizieren kann, die Frage, wie stringent die Ziele voneinander abgrenzbar sind, steht hinter diesem Kriterium zurück. Es ist möglich, dass der Psychotherapeut zu Recht vermutet, dass manche der Ziele eng miteinander zusammenhängen und z. B. mit einer ähnlichen Methodik bearbeitet werden können (z. B. Reduktion von sozialen Ängsten und Stärkung der Selbstsicherheit in sozialen Situationen sind beide mit Expositionen und/oder kognitiv-verhaltenstherapeutischen Interventionen erreichbar). Außerdem ist es möglich, dass ein Zielbereich sich mit der Bearbeitung eines anderen Zielbereichs mitbewegt (z. B. die problembelastete Beziehung zum Elternhaus verändert sich automatisch durch die Bearbeitung der konfliktreichen Interaktion mit dem Ehemann durch einen Generalisierungseffekt von erlerntem hilfreicherem Interaktionsverhalten). Diese Querverbindungen zwischen Zielen sind nicht problematisch und erhöhen die genannte mögliche Anzahl an Zielen nach der Regel „Je mehr zusammenhängende Ziele, desto mehr Ziele sind insgesamt möglich". Vorliegende Querverbindungen zwischen Zielen können je nach Fallkonstellation auch schon mit dem Patienten besprochen werden, da dies meist eine entlastende Botschaft ist. Bewährt hat sich für die Vermittlung dieses Themas die Mobile-Metapher:

> „Es ist möglich, dass die Arbeit an Ihrem Ziel „konstruktiveres Miteinander mit meinem Ehemann" auch schon positive Auswirkungen auf ihre problematische Beziehung zu Ihren Eltern hat. Die Erfahrung zeigt, dass wir oft nicht für jedes Ziel den gleichen Arbeitsaufwand einplanen müssen, sondern dass Ihre Fortschritte in einem Ziel sich auch positiv auf andere Ziele auswirken. Sie können sich das vorstellen wie bei einem Mobile: Alle Ziele haben mit Ihnen zu tun und hängen daher miteinander zusammen. Wenn wir das Mobile an einer Stelle bewegen, bewegen sich die anderen Elemente schon automatisch mit."

Wenn mehr als ein Therapieziel festgelegt wurde, ist es dann noch notwendig, die Ziele in eine Reihenfolge zu bringen bzw. sie zu priorisieren. Hierfür ist es sinnvoll, mit dem Patienten die Ziele in Bezug auf die Kriterien *Wichtigkeit* und *Dringlichkeit* zu diskutieren. Dringliche Ziele haben meist Vorrang, wenn die Dringlichkeit von Patient und Therapeut gleichermaßen als solche eingeschätzt wird. Die (kurze) Diskussion darüber ist meist sehr hilfreich, damit der Patient verstehen kann, wie die Reihenfolge der Zielbearbeitung zustande kommt und nicht frustriert wird durch das Gefühl, dass seine wichtigen Ziele hintenangestellt werden. Weisz et al. (2011) geben als passendes Beispiel dazu den Fall einer Patientin mit mehreren Zielen, darunter eins die Reduktion der Selbstverletzungen. Es besteht ein Therapievertrag, in dem geregelt ist, dass Selbstverletzungen im Sinne von therapieschädigendem Verhalten priorisiert werden. In der Behandlung entsteht dann der Eindruck, dass die Patientin dennoch nicht wirklich motiviert ist für die Reduktion der Selbstverletzungen. In der beschriebenen durchgeführten Supervision wird deutlich, dass die Patientin dieses Ziel zwar als notwendiges Ziel versteht und einsieht, dass aber andere, der Patientin persönlich wichtigere Ziele, deswegen naturgemäß keinen Raum in der Therapie haben, was die Patientin frustriert. Eine Möglichkeit, den festgefahrenen Zustand aufzulösen, ist, diese Schwierigkeit in der Therapie zum Thema zu machen und die Mitbestimmung der Patientin zu betonen in der Frage, wie viel Zeit welches Ziel benötigt. Eventuell ist es auch möglich, nur einen Teil der Stunde für das Thema Reduktion der Selbstverletzungen zu reservieren und einen bestimmten Anteil auch für den Einstieg in andere, der Patientin wichtigere Themen zu nutzen.

Außerdem ist es bei der Priorisierung erlaubt und sogar notwendig, die fachliche Expertise als Grund zu nennen, wieso in einer bestimmten Reihenfolge vorgegangen wird, wenn der Patient z. B. nicht in der Lage ist, alle Argumente für eine bestimmte Reihenfolge zu erkennen. Dazu ein Beispiel aus meiner Supervision: Die Supervisandin schildert den Fall eines jungen Mannes, der nach einer Krebserkrankung und noch bestehender Arbeitsunfähigkeit in die Psychotherapie kommt. Als Ziele haben die beiden vorrangig zwei festgelegt: „emotionale Verarbeitung der Konfrontation mit eigener Endlichkeit durch die Krebserkrankung" und „Belastbarkeit erhöhen, um wieder arbeitsfähig zu sein". Die Supervisandin ist nun unsicher, da der Patient gerne mit der Erhöhung der Belastbarkeit starten würde, sie aber der Meinung ist, dass das sehr schwierig werden wird, bevor nicht eine Auseinandersetzung mit der emotionalen Belastung durch die Krebserkrankung stattgefunden hat. In ihrem Erklärungsmodell stellt die nicht verarbeitete Belastung durch die Krebserkrankung einen aufrechterhaltenden Faktor für die geringe Belastbarkeit dar. Inhaltlich würde es also wenig Sinn ergeben, mit der Stressresilienz bei der Arbeit zu beginnen. Das Ergebnis der Supervision war, dass die Supervisandin ihre fachliche Einschätzung einbringen darf zur Priorisierung der Ziele: Es wäre falsch verstandene Psychotherapie auf Augenhöhe, den Patienten die Reihenfolge der Ziele festlegen zu lassen, wenn gute fachliche Gründe aus Sicht der Psychotherapeutin für eine andere Reihenfolge sprechen. Oft ist es nicht notwendig, die genauen Gründe für die vorgeschlagene Reihenfolge zu erläutern, sondern es reicht an dieser Stelle die Begründung mit Erfahrungswerten. Sollte dies nicht der Fall sein, z. B. bei Patienten mit einem hohen Autonomiemotiv und/oder misstrauischen Patienten, können Patienten teilweise in die Überlegungen einbezogen werden, ohne sie mit Details des therapeutischen Erklärungsmodells zu überfordern. Dies wäre dann eine Investition in die therapeutische Beziehung.

6.4 Zusammenhang zwischen Zielen und Interventionen

Es erleichtert die Zielfestlegung, wenn der Psychotherapeut im ersten Schritt die Ziele möglichst unabhängig von möglichen Interventionen zur Umsetzung der Ziele plant (dieser Aspekt wird in Kap. 11 beim Thema Dritte-Welle-Verfahren noch sehr relevant). Der Versuch, während der Zielbesprechung mit dem Patienten gleichzeitig schon eventuell passende Interventionen auszuwählen, kann leicht überfordern und unnötigerweise dazu führen, dass der Psychotherapeut zu wenig Kapazitäten für das aktuelle Thema und für die Interaktion mit dem Patienten im Hier und Jetzt hat. Es gibt mitunter viele sehr unterschiedliche psychotherapeutische Wege zu einem Ziel und im Moment der Zielfestlegung muss der Behandlungsplan im therapeutischen Kopf noch nicht feststehen. Eine Schwierigkeit, die hier für noch unerfahrene Kollegen entsteht, ist die, dass es bei zu wenig vorliegenden Erfahrungswerten nicht gut möglich ist einzuschätzen, ob ein genanntes Ziel sinnvoll durch psychotherapeutische Interventionen zu erreichen ist (s. auch Kap. 4). Hier ist die Fallsupervision entscheidend wichtig. Die Zielfestlegung und die Überprüfung, wie realistisch die Ziele sind, sind idealerweise in der Psychotherapieausbildung ein wichtiger Fokus der Supervision. Nicht ohne Grund benennt York und Kingsbury (2013) als wichtigste Frage, die eine Supervisorin stellen kann, diese: „Was sind die Ziele des Patienten?".

Ein Gedanke noch zu der Trennung zwischen Zielfestlegung und Behandlungsplanung: Eine Befürchtung von Kollegen ist manchmal, dass im schlimmsten Fall ein Ziel noch mal angepasst oder revidiert werden muss, wenn der Psychotherapeut in der Behandlungsplanung feststellt, dass er z. B. über Möglichkeiten verfügt, einen Teil des Ziels zu erreichen, einen anderen aber nicht. Dazu gibt es eine nicht zu häufig zu betonende Tatsache für noch unerfahrene Kolleginnen (aber auch für erfahrenere Therapeuten wichtig, sich immer wieder klarzumachen): Es gibt im Grunde keinen Patienten, der es negativ erlebt, wenn der Psychotherapeut die Folgesitzung mit den Worten eröffnet „Ich habe mir im Anschluss zu unserer letzten Stunde noch mal Gedanken gemacht, und ich möchte etwas ergänzen/korrigieren …". Die Botschaft an die Patienten ist, dass der Psychotherapeut seine Arbeit verantwortungsvoll und umsichtig ausführt und dass die Psychotherapie auch für ihn nicht mit dem Schließen der Tür hinter dem Patienten beendet ist. So eine Aussage erlebt der allergrößte Teil der Patienten als sehr wertschätzend und umsichtig. Sollte es einen verschwindend geringen Anteil an Patienten geben, in deren Achtung man mit so einer Aussage sinkt, ist das eine wichtige diagnostische Information, die nichts über den Psychotherapeuten und seine Arbeit aussagt.

6.5 Festlegung des Behandlungsplans

Nachdem die Ziele mit dem Patienten festgelegt wurden, ist es an der Zeit, sich Gedanken zum Behandlungsplan zu machen. Welche therapeutischen Wege wären zur Erreichung des Ziels denkbar? Hier wird erneut deutlich, wieso eine möglichst frühe Auseinandersetzung mit Zielen so wichtig ist: Es kann passieren, dass an diesem Punkt die Einsicht entsteht, dass die Psychotherapeutin nicht die passendste Person für einen bestimmten Weg ist. Ein Beispiel: Ein Patient kam in Psychotherapie wegen agoraphobischer Symptome und Panikattacken. Verursachend zeigte sich im Lauf der probatorischen Sitzungen ein Auslandseinsatz als Soldat im vergangenen Jahr. Es lagen PTBS-Symptome vor, allerdings kein Vollbild der Diagnose und ein Teil der Belastung waren die vermutlich sekundär entstandenen Angstsymptome. Das primäre Ziel des Patienten war aber nicht, dass seine Angstsymptomatik reduziert werden sollte, sondern dass er es schaffen könne, seine dauerhaft erhöhte Grundanspannung im Sinne eines erhöhten Arousals abzulegen. Dies ist ein sinnvolles und nachvollziehbares Therapieziel, die Psychotherapeutin verfügte aber nicht über ausreichende Kompetenz in traumatherapeutischen Interventionen, die zur Erreichung des primären Ziels des Patienten den sinnvollsten und direktesten Weg darstellten. Daher war es die für den Patienten hilfreichste Vorgehensweise, ihn bei der Suche nach einer in diesem Bereich erfahreneren Kollegin zu unterstützen.

6.6 Potenzielle Veränderbarkeit von Zielen miteinplanen

Und schließlich ist eine zentrale Eigenschaft von Therapiezielen ihre potenzielle Veränderbarkeit, was die Arbeit mit Therapiezielen noch etwas herausfordernder macht. Es ist möglich, dass zu Beginn einer Behandlung ein Ziel gemeinsam festgelegt wurde, das sich im Laufe der Behandlung bei einer Zwischenmessung zwar nicht als gelöst herausstellt, wohl aber als unwichtig geworden oder sich im Fokus drastisch verschoben. Dieses Phänomen ist kein Anzeichen dafür, dass das Ziel zu Beginn „falsch" gewählt wurde und auch kein Anzeichen für einen schlecht laufenden Therapieprozess. Da Therapieziele eng mit der persönlichen Entwicklung verbunden sind, kann es sein, dass durch die Veränderungen in einem therapeutischen Prozess ein bestimmtes Ziel an Relevanz verliert und dafür andere Ziele, die vielleicht zu Beginn noch gar nicht sichtbar waren, an Relevanz gewinnen. Die Arbeit mit Zielen erfordert also von der Psychotherapeutin zum einen, strukturiert zu arbeiten und den Überblick zu behalten, zum anderen aber auch, ausreichend flexibel zu bleiben, um auf Änderungen in der Wichtigkeit von Zielen reagieren zu können. Bei Zwischenmessungen (s. Kap. 7 und 8) besteht also immer auch ein Teil der Aufgabe darin zu überprüfen, ob das Ziel noch stimmig ist, und wenn dies nicht der Fall ist, das Ziel anzupassen oder vielleicht auch neu zu formulieren. Oft ist es ausreichend, das Ziel etwas umzuformulieren, da sich der Fokus leicht verschoben hat. Ein Beispiel: Eine Patientin hatte das Ziel formuliert, unabhängig von ihrer Herkunftsfamilie zu werden. Im Verlauf der Psychotherapie zeigte sich, dass sich dies nur auf bestimmte Personen der Herkunftsfamilie bezieht, auf andere aber nicht und dass bei den anderen Personen (in diesem Fall die Großeltern) ein großer Wunsch nach Nähe und Zugehörigkeit besteht. Das Ziel wurde also umformuliert und etwas ausdifferenziert.

Literatur

Kanfer, F. H., Reinecker, H., & Schmelzer, D. (2012). *Selbstmanagement-Therapie*. Springer.

Law, D. (2018). Goal-oriented practice. In M. Cooper & D. Law (Hrsg.), *Working with goals in psychotherapy and counselling*. University Press.

Lohmann, B. (2004). *Effiziente Supervision. Praxisorientierter Leitfaden für Einzel- und Gruppensupervision*. Schneider.

Weisz, J. R., Chorpita, B. F., Frye, A., Ng, M. Y., et al. (2011). Youth top problems: Using idiographic, consumer-guided assessment to identify treatment needs and to track change during psychotherapy. *Journal of Consulting and Clinical Psychology, 79*(3), 369.

York, A., & Kingsbury, S. (2013). *The choice and partnership approach: A service transformation model*. CAPA Systems Limited.

Einführung in das Goal Attainment Scaling

7

▶ **ZIEL** *Nach der Lektüre dieses Kapitels sollte es möglich sein, die Methode GAS anwenden zu können*

In diesem Kapitel geht es um die Methode *GAS* (*Goal Attainment Scaling*). Die Methode wurde erstmalig 1968 von Kiresuk und Sherman vorgestellt und seither nur wenig verändert (Kiresuk & Sherman, 1968). Mit der Methode *GAS* entwickelt man in der Psychotherapie ein individuell auf die Patientin zugeschnittenes Messinstrument, mit dem man im Verlauf der Psychotherapie den Erfolg der Zielerreichung messen kann. Auch Abschluss- und Katamnesemessungen sind möglich. Das Instrument ermöglicht also zum einen eine gute Unterstützung in der Zieldefinition, außerdem erlaubt es der Psychotherapeutin eine Quantifizierung des Therapieerfolgs bzw. der Zielerreichung und schließlich bietet es eine individuelle Messung des Behandlungserfolgs. Eine Studie von Shefler et al. (2001) bestätigt die psychometrischen Eigenschaften des *GAS*: Es fanden sich hohe Validitäts- und Reliabilitätswerte, wobei entscheidend war, dass die Operationalisierung der Veränderungsstufen möglichst stark auf beobachtbarem Verhalten fußt (s. unten). Das *GAS* hat sich damit mittlerweile fest etabliert als ein Teil vieler Standard-Messbatterien beim Therapiestart und bei der Verlaufsmessung. Im Unterschied zu standardisierten Messinstrumenten erlaubt das *GAS*, inhaltlich komplett individuell auf den Problembereich des Patienten zugeschnitten zu werden und trägt damit zu einer individualisierten und dennoch gleichzeitig gut evaluierbaren Ergebnismessung einer Psychotherapie bei. Ganz konkret: Nach der Erarbeitung des *GAS* liegt eine für den jeweiligen Patienten defi-

---

Ergänzende Information Die elektronische Version dieses Kapitels enthält Zusatzmaterial, auf das über folgenden Link zugegriffen werden kann [https://doi.org/10.1007/978-3-662-70256-7_7].

nierte Messskala von (meist) Werten zwischen − 2 und + 4 vor, mit Hilfe derer im Verlauf der Psychotherapie dann mit minimalem Zeitaufwand die bisherige Zielerreichung gemessen werden kann.

7.1 Vorteile und Nachteile des *Goal Attainment Scaling*

Der gewichtigste und den meisten Kollegen bekannte Nachteil ist der Zeitaufwand, den ein komplettes *GAS* mit sich bringt. Für ein Ziel wird im Durchschnitt von den meisten Kollegen eine Therapiestunde benötigt. Die Varianz ist zwar relativ hoch und es soll auch Kollegen geben, die das *GAS* für 3 Ziele in 50 min schaffen, aber gerade bei unerfahrenen Psychotherapeuten ist davon auszugehen, dass mindestens eine komplette Therapiestunde eingesetzt werden muss, je nach Fallkonstellation eventuell auch etwas mehr. Wegen seiner Vorteile ist der Einsatz in Ausbildungskontexten beliebt, allerdings ist andererseits gerade in Ausbildungs-Behandlungen Zeit meist ein noch knapperes Gut als in anderen Behandlungen und eine Stunde, die innerhalb der ersten Sitzungen für das Thema Ziele wegfällt, schmerzt hier unter Umständen noch mehr als für erfahrenere Kollegen. Im stationären Kontext und bei ambulanten Kurzzeittherapien ist ein komplettes *GAS* für verschiedene Ziele üblicherweise ein zu hoher Aufwand. Hier kommen die in Kap. 8 erläuterten abgewandelten Varianten des *GAS* sinnvollerweise zum Einsatz.

7.2 *GAS* – Schritt für Schritt erklärt

In diesem Kapitel wird die genaue Vorgehensweise eines *Goal Attainment Scaling* Schritt für Schritt erklärt. Um eine vollständige Anleitung zur Festlegung von Therapiezielen an dieser Stelle zu ermöglichen, beginnt die Schritt für Schritt-Erläuterung schon mit den Vorarbeiten zum *GAS*, also schon bei der ersten groben Übersicht zu Psychotherapiethemen für die Patientin über die Formulierung von Zielen nach den *SMART*-Kriterien bis hin zur Priorisierung von Zielen. Erst nach diesen Schritten ist die Umsetzung eines *GAS* für die festgelegten Ziele möglich. Im Folgenden werden die einzelnen Schritte in der entsprechenden Reihenfolge erläutert. Arbeitsblatt 3 zeigt eine Übersicht über die einzelnen Schritte.

Eine Bemerkung noch zur Gesprächsführung: Die Psychotherapeutin bietet der Patientin bei der Erarbeitung des *GAS* eine Strukturierungshilfe, nicht mehr und nicht weniger. Es sollte also darauf geachtet werden, dass keine zu starke Beeinflussung der Psychotherapeutin stattfindet. Als Leitlinie kann gelten: Für den Inhalt der Ziele ist die Patientin verantwortlich, für die Struktur die Psychotherapeutin. Dies ist für noch unerfahrene Kolleginnen sicher eine Herausforderung, hier gilt was oben schon genannt wurde: Es lohnt sich, für den Prozess der Zielfestlegung ausreichend Supervision in Anspruch zu nehmen, wenn noch Unsicherheit besteht. Dies ergibt Sinn, wenn man sich die vielen Vorteile einer sorgfältigen Zielfestlegung vor Augen hält.

7.2 GAS – Schritt für Schritt erklärt

Arbeitsblatt 3: Leitfaden Durchführung GAS

1. Übersicht über die zu bearbeitenden Themen
2. Auswahl von für die Psychotherapie relevanten Themen, Sortierung und Zusammenfassung
3. Zielfestlegung für die ausgewählten Bereiche
4. Ziele in Reihenfolge bringen
5. Operationalisierung der Veränderungsstufen für jedes Ziel

aus: Sonja Wahl: Ziele in der Psychotherapie (2024)

Übersicht über die zu bearbeitenden Themen

Im ersten Schritt werden die gesamten Themen der Patientin, die sie für die Psychotherapie für relevant hält, gesammelt. In diesem Schritt wird noch keine Vorauswahl getroffen und nicht priorisiert. Es geht ausschließlich um ein Brainstorming der relevanten Themenbereiche. Eine beispielhafte Liste einer Patientin könnte folgendermaßen aussehen:

- Problematisches Essverhalten
- Problematischer Medienkonsum
- Verstehen, warum ich diese Schwierigkeiten habe
- Beziehung zu meinen Eltern klären
- Unerfüllter Kinder- und Beziehungswunsch
- Stimmungsschwankungen (auch hormonell bedingte)

Wie die beispielhafte Liste zeigt, können die Themen in ihrer Größe und ihrer Art sehr unterschiedlich sein. An dieser Stelle ist es sinnvoll, die Patienten einzuladen, sehr breit die belastenden Themenbereiche in die Sammlung aufzunehmen. Es ist auch möglich, diese Sammlung im Rahmen eines Anamnesebogens vorzunehmen, den die Patientin als Hausaufgabe in Vorbereitung auf das Erstgespräch ausfüllt.

Auswahl von für die Psychotherapie relevanten Themen, Sortierung und Zusammenfassung

Im genannten Beispiel liegen 6 potenziell psychotherapierelevante Themen vor. In diesem Schritt muss geklärt werden, welcher Umfang an Psychotherapie möglich ist, also in welchem Setting behandelt wird. Geht es um eine psychosomatische Reha mit wenigen Wochen Dauer und einmal pro Woche stattfindenden Gesprächen? Dann wäre die vorliegende Liste mit sechs Themen sicher zu umfangreich und es müsste eine Reduktion erfolgen. Für die nicht in der Psychotherapie zu bearbeitenden Themen kann versucht werden, andere Möglichkeiten zu finden. In einer stationären Behandlung kann es z. B. sinnvoll sein, manche Themen eher ins Gruppensetting zu verlagern. In dem Beispiel könnte es sein, dass eine Klinik über eine Gruppe für Essstörungen verfügt oder über eine Gruppe mit dem Fokus Interpersonelle Fertigkeiten für das Thema „Beziehung zu den Eltern". Außerdem könnte schon im Rahmen der stationären Behandlung eine ambulante Psychotherapie in die Wege geleitet werden, in der dann Raum für die noch offen gebliebenen Themen sein kann. In einer ambulanten Psychotherapie muss der Behandlungsumfang antizipiert werden: Bezahlt die Versicherung z. B. nur 10 Stunden Psychotherapie pro Jahr? Dies würde eine andere Planung erfordern, als wenn ein Kontingent von 45 oder 60 Stunden zur Verfügung stehen könnte. Wenn eher wenige Stunden zur Verfügung stehen, würde man im genannten Beispiel wahrscheinlich das Thema „Beziehungs- und Kinderwunsch" nachrangig behandeln, da die anderen Themen höhere Schwierigkeiten in der aktuellen Lebenssituation mit sich bringen und einen stärkeren Leidensdruck auslösen. Außerdem ist das Thema „Wunsch nach einer Beziehung" zwar ein häufiges Thema, allerdings ist es nicht direkt durch psychotherapeutische Methoden beeinflussbar, sondern nur indirekt. Das bedeutet, dass die Entscheidung eher zugunsten von Themen getroffen werden würde, bei denen wir mit psychotherapeutischen Methoden einen möglichst hohen direkten Einfluss nehmen können. Dies trifft sowohl auf die Essproblematik und den Medienkonsum als auch auf das einsichtsorientierte Ziel „Verstehen, warum ich diese Probleme habe" und die Stimmungsschwankungen zu. Innerhalb dieses Schritts erfolgt auch schon eine Sortierung gemeinsam mit der Patientin: Welche Ziele hängen miteinander zusammen, welche sind in weiten Teilen unabhängig voneinander? Ergibt sich eventuell eine Logik der Reihenfolge? Es könnte z. B. sinnvoll sein, zuerst das einsichtsorientierte Ziel des Verstehens anzugehen mit dem Hintergedanken, dass ein besseres Verständnis für die Problematik eine Veränderung erleichtert. Es könnte aber auch eine mögliche Strategie sein, zuerst rasch eine Verhaltensänderung in einem der Problembereiche anzustreben und im zweiten Schritt mit eventuell auftauchenden Schwierigkeiten in der Umsetzung der Verhaltensänderung stärker auf das einsichtsorientierte Ziel zu fokussieren („Was macht eine Änderung konkret schwierig?"). Hier gibt es kein Richtig oder Falsch, sondern es zählt ein gutes Fallverständnis und vor allem eine genaue Absprache mit der Patientin, um ihren individuellen Bedarf gut zu erkennen und die Ziele an den entsprechenden Fall anzupassen.

Zielfestlegung für die ausgewählten Bereiche
Wenn die Themen für die Psychotherapie ausgewählt sind, kann im nächsten Schritt für jedes Thema ein Ziel formuliert werden. An dieser Stelle kommen die Kriterien aus dem 5. Kapitel zum Einsatz, auch die Checkliste in Kap. 5 kann hier hilfreich sein.

Beispielhaft für die genannten Themen könnten also folgende Ziele festgelegt werden:

- Ich ernähre mich im Rahmen der Möglichkeiten meines Alltags gesünder
- Ich reduziere meine Bildschirmzeit auf maximal 2 h pro Tag
- Ich verstehe besser, warum es mir schwerfällt, eine gesunde Ernährung und ein gesundes Medienverhalten umzusetzen
- Ich habe eine Entscheidung getroffen, wie die Beziehung zu meinen Eltern aussehen soll und kann meine Kommunikation mit ihnen entsprechend gestalten
- Ich gehe die Partnersuche aktiv an, d. h. ich melde mich auf einem Datingportal an und traue mich, potenzielle Partner zu daten
- Ich kläre somatische Ursachen für die stärker gewordenen Stimmungsschwankungen ab
- Ich habe Strategien im Umgang mit meinen Stimmungsschwankungen, die sie weniger belastend für mich machen

Wie zu sehen ist, kann es notwendig sein, aus einem Thema mehrere Ziele zu formulieren, wie im genannten Beispiel bei den Stimmungsschwankungen. Bezüglich der Formulierungen ist es wichtig, sich klarzumachen, dass es nicht die eine richtige Formulierung gibt. Es ist sinnvoll, möglichst viel des Wortlauts der Patientin in die Zielformulierung aufzunehmen, auch wenn die Psychotherapeutin anders formulieren würde. Oberste Priorität ist, dass die Patientin etwas mit den Zielen anfangen kann, dass sie etwas mit den Aussagen verbindet und sich in kurzer Zeit bei einem Blick auf die Ziele wieder emotional damit verbinden kann, was dieses Ziel für sie bedeutet. Die Psychotherapeutin hat nur die Aufgabe, bei den Formulierungen so weit zu helfen, dass die Ziele möglichst den Kriterien für gute Therapieziele entsprechen. Wie schon erwähnt, ist dies keinesfalls als Dogma zu verstehen, sondern die Kriterien sollen Leitlinien darstellen zur Orientierung, von denen in bestimmten Fällen abgewichen werden kann und sogar muss. Dies kann notwendig sein, um die Psychotherapiemotivation der Patientin nicht unnötig stark einzuschränken, indem zu kleinlich auf Formulierungen beharrt wird.

Um zu illustrieren, wie alternative Ziele zum gleichen Thema aussehen könnten: Das genannte Ziel „Ich ernähre mich im Rahmen der Möglichkeiten meines Alltags gesünder" könnte z. B. auch heißen „Ich halte mich an die Ernährungsregeln, die ich 2020 nach meinem Klinikaufenthalt längere Zeit anwenden konnte" oder „Ich habe so gut wie nie mehr Essattacken, in denen ich so lange esse, bis mein Bauch weh tut" oder „Ich schaffe es, regelmäßig 3 Mahlzeiten am Tag zu mir zu nehmen" oder „Ich esse jeden Tag mindestens 3 Portionen Obst oder Gemüse" oder „Ich esse wieder den Großteil meiner bisher verbotenen Lebensmittel". Es sind unzählige weitere Versionen denkbar, die sich hinter dem Themenbereich „Problematisches Essverhalten" verbergen könnten.

Man beachte, dass z. B. das Ziel „Ich habe so gut wie nie mehr Essattacken" eine Negativ-Formulierung beinhaltet. Es wäre mit etwas Aufwand sicher möglich, eine Positiv-Formulierung zu finden, z. B. in die Richtung „Mir gelingt es, tagsüber ein regelmäßiges Essverhalten zu etablieren", was implizit bedeuten würde, dass die Gefahr von Unterzuckerung reduziert ist, so dass Essattacken weniger wahrscheinlich sind. Für manche Patienten geschieht so eine Umformulierung aber zu dem Preis, dass das festgelegte Ziel sich zu weit von ihrem persönlichen Ziel entfernt hat und für sie nicht mehr greifbar ist. In diesem Fall wäre es sinnvoller, bei einer negativen Formulierung zu bleiben und die damit verbundenen Nachteile in Kauf zu nehmen. Die Vorteile eines für die Patientin persönlich bedeutsamen Ziels sind höher zu gewichten. Die Richtlinie, ob ein Ziel noch persönlich bedeutsam für die Patientin ist, ist die (verbale und non-verbale) Reaktion der Patientin im Gespräch auf eine bestimmte Formulierung. Hier ist es entscheidend, sehr aufmerksam die Reaktionen der Patientin zu beobachten. Wenn eine Formulierung gut passt, ist das meistens deutlich zu bemerken an Veränderungen in Mimik und Gestik

(Anspannung, die sich löst, Lächeln) oder an Äußerungen wie „Ja, das ist es" oder „Das klingt gut". Solche Anzeichen eines persönlich bedeutsamen, spürbaren Therapieziels sind meiner Meinung nach für den Therapiefortschritt wichtiger als exakte Formulierungen des Ziels im Sinne der genannten Kriterien für gute Therapieziele, wenn das Ziel noch ausreichend realistisch und erreichbar ist.

Ziele in Reihenfolge bringen
Im genannten Beispiel liegen jetzt 7 Ziele vor. Diese müssen nun priorisiert werden, wie in Kap. 6 schon erläutert. Für manche Patientinnen stellt diese Priorisierung keine Schwierigkeit dar, z. B. wenn ein Ziel eindeutig den höchsten Leidensdruck auslöst und es auch aus Sicht der Psychotherapeutin Sinn ergibt, mit diesem Ziel zu starten. In anderen Fällen kann die Priorisierung komplexer sein. Für die Anwendung des *GAS* ist es notwendig, die Ziele in eine Reihenfolge zu bringen, um dann mit dem ersten ausgewählten Ziel den nächsten, entscheidenden Schritt für das *GAS* umzusetzen, die Operationalisierung der Veränderungsstufen für das erste Ziel.

Operationalisierung der Veränderungsstufen für jedes Ziel
Arbeitsblatt 2 kann bei der Erstellung eines *GAS* für ein Ziel helfen. Für das ausgewählte Ziel werden in diesem Schritt üblicherweise 3 Veränderungsstufen formuliert. Es wird festgelegt, dass *0* den *Ist-Zustand* festlegt, *+ 4* das erfüllte Therapieziel beschreibt und *− 2* eine *Verschlechterung* des Bereichs beschreibt. Je nach Fallkonstellation kann es Sinn ergeben, weitere Zwischenschritte zwischen *0* und *+ 4* festzuhalten. Meist ist aber die Formulierung des *+ 4*-Zustands ausreichend, um daran Zwischenzustände zu messen. Patienten gelingt es erfahrungsgemäß gut, nach einem festgelegten Zustand einzuschätzen, wie weit sie sich schon in die gewünschte Richtung bewegen konnten und wie hoch sie diese Veränderung auf einer Skala von 0 bis 4 einstufen würden. In Fällen, in denen sich eine Zwischenstufe aber von selbst anbietet, kann diese mitaufgenommen werden. Ein Beispiel könnte sein, dass das Ziel eine konkrete Zwischenaufgabe beinhaltet, wie ein Familienfest, das herausfordernd sein könnte oder ein Arztbesuch, der Angst auslöst. Oft äußern Patienten dann Dinge wie „Wenn ich das schon mal meistern würde, wäre die Hälfte schon geschafft/wäre ich schon sehr froh". Die Festlegung auf die Stufen *− 2, 0* und *+ 4* hat sich bewährt und wird häufig verwendet. Es ist aber ebenso möglich, andere Stufen zu wählen, so dass beispielsweise *+ 2* den Zielzustand darstellt. Zur Erinnerung: Die Idee ist, ein individuelles Messinstrument für den jeweiligen Patienten zu erstellen. Es besteht daher viel Spielraum für die individuelle Ausgestaltung. Oft bestehen in Ausbildungsinstituten oder Ambulanzen bestimmte üblicherweise verwendeten Stufen, dann ist es zur Kommunikation z. B. in der Supervision sinnvoll, diese zu übernehmen. Die Stufe *+ 4* als Zielzustand hat den Vorteil, dass einige Zwischenstufen zwischen 0 und 4 möglich sind (Patienten nut-

zen üblicherweise ohne Aufforderung dann auch Zwischenstufen wie 1,5 oder 2,5, wenn es für sie passend ist) und gleichzeitig der „Weg" von 0 bis 4 nicht unerreichbar weit klingt, wie es vielleicht eher bei 0 bis 10 der Fall wäre.

Für die Formulierung der Veränderungsstufen gibt es folgende Vorgaben: Die Formulierung geschieht in *Ich-Form*, sollte *positiv formuliert* und *realistisch zu erreichen* sein. Idealerweise enthält außerdem jede Veränderungsstufe auch *äußerlich beobachtbare, verhaltensbezogene Aussagen* und nicht nur emotionale, innerliche Veränderungen. Ein weiterer wichtiger Aspekt ist die Umsetzung der Messbarkeit: Daher ist es hilfreich, die formulierten Veränderungsstufen möglichst stark zu *quantifizieren* mit Formulierungen wie *meistens, häufig, ab und zu, selten* oder noch konkreter *täglich, einmal pro Woche, einmal im Monat, jedes Mal wenn* …. Die aufgenommenen Formulierungen sollten außerdem möglichst konkret sein, d. h. keine allgemeinen Aussagen wie „Ich kann wieder gut schlafen". Solche Äußerungen können analog zu den weiter oben erläuterten Anregungen zur Zielformulierungen Startpunkte sein, die dann durch therapeutische Fragen ausdifferenziert werden können. „Was bedeutet das, gut zu schlafen? Woran würden Sie merken, dass Sie gut schlafen? Wie häufig ist es realistisch erreichbar, in der definierten Art zu schlafen?" Zusammenfassend: Alle Äußerungen in den Veränderungsstufen sollten idealerweise möglichst konkret, realistisch, positiv formuliert und messbar sein. Es finden sich also in den Veränderungsstufen auf einer Mikroebene die Kriterien für die guten Therapieziele wieder.

Wie viele Sätze notwendig sind pro Veränderungsstufe, ist individuell sehr verschieden. Um verschiedene Ebenen des Erlebens und Verhaltens (*kognitiv, emotional, verhaltensbezogen, somatisch*) aufzunehmen, ist üblicherweise mehr als ein Satz zur Beschreibung notwendig, meist sind es 3 bis 5 Sätze pro Stufe. Für die Stufe + *4* gilt: Je mehr, desto besser, da eine ausführliche differenzierte Zielbeschreibung schon eine bessere Verankerung des Zielzustands ermöglicht. Je mehr Erlebens-Dimensionen und je mehr verschiedene Lebensbereiche, die dieses Ziel mitbetreffen, aufgeführt werden, desto besser.

Wie ein *GAS* beispielhaft für das erste Ziel im Beispiel aussehen könnte, zeigt Abbildung 2. Arbeitsblatt 2 beinhaltet eine Blanko-Version des *GAS*-Blatts zum Ausdrucken.

7.2 GAS – Schritt für Schritt erklärt

Abbildung 2: Beispiel *Goal Attainment Scaling*

Patient*in: Frau S.

Ziel Nummer 1

Datum: 08.07.2024

Zielformulierung:

Ich ernähre mich im Rahmen der Möglichkeiten meines Alltags gesünder

Veränderungsstufe +4: Ich esse morgens Müsli bei der Arbeit. Mittags gehe ich zwei Mal pro Woche mit den Kolleginnen essen, dreimal pro Woche esse ich ein Brötchen. Ich plane meinen Essensplan für die Woche am Samstag vor und kaufe die Zutaten für gesunde, selbstgekochte Mahlzeiten für die Woche ein. Ich koche mir montags und mittwochs frisch, wenn ich von der Arbeit komme, dienstags und donnerstags kann ich die Reste essen. Am Wochenende sind Süßigkeiten und Snacks erlaubt.

ggf. +2: Ich bereite mir am Vorabend ein Müsli mit frischem Obst zu, das ich am Vormittag bei der Arbeit zum Frühstück esse. Ich esse keine Süßigkeiten und Snacks mehr bei der Arbeit.

Ist-Zustand 0: Ich esse morgens gar nichts. Im Laufe des Vormittags esse ich Süßigkeiten und Snacks bei der Arbeit. Mittags esse ich meistens ein Brötchen vom Bäcker. Bis Abends trinke ich nur noch Kaffee, am späteren Abend entwickle ich an der Mehrzahl der Tage Heisshungerattacken und esse dann hochkalorische Lebensmittel in großen Mengen (z.B. 5 Scheiben Brot mit Butter, Käse und Wurst, 3 Fruchtjoghurts (250g) und 500ml Eiscreme). Am Wochenende gelingt es mir, mehr Obst, Gemüse und vollwertige Lebensmittel zu essen, ich koche mir einmal am Wochenende etwas.

Veränderungsstufe -2: Ich esse noch unregelmäßiger, manchmal nur noch einmal am Tag und noch mehr hochkalorische Lebensmittel mit wenig Nährwert. Ich ernähre mich auch am Wochenende zunehmend ungesund und einseitig.

Arbeitsblatt 2: Vorlage Goal Attainment Scaling   Patient*in:

Ziel Nummer ___   Datum:

Zielformulierung:

Veränderungsstufe +4:

ggf. +2:

Ist-Zustand 0:

Veränderungsstufe -2:

_____

7.2 GAS – Schritt für Schritt erklärt

Die Operationalisierung der Veränderungsstufen beginnt üblicherweise mit dem *Ist-Zustand*, also der Festlegung der Stufe *0*. Das liegt daran, dass die Schilderung des Ist-Zustands den Patientinnen zu Beginn der Behandlung üblicherweise leichtfällt bzw. dass die Symptom- und Problemschilderung sowieso zu Beginn in der Anamnese üblicherweise geschieht. Daher sind sowohl Psychotherapeutin als auch Patientin zu diesem Zeitpunkt meist schon gut eingedacht und die Formulierung des Ist-Zustands fällt nicht schwer. Allerdings kann die genaue Verschriftlichung des Problem-Verhaltens oder des als belastend erlebten Zustands kurzzeitig die emotionale Belastung der Patientin erhöhen. Auch deswegen ist es sinnvoll, gleich zu Beginn der Stunde zum Thema Zielfestlegung mit dem Ist-Zustand zu beginnen, um noch genügend Zeit für den Zielzustand zur Verfügung zu haben. Wenn der Patientin eine verhaltensnahe, konkrete Beschreibung des Zustands schwerfällt, können Fragen helfen wie die folgenden.

- Wenn wir uns Ihr Leben wie ein Drehbuch vorstellen, wie wäre die aktuelle Szene im Drehbuch geschildert?
- Wenn ich Sie durch ein Fenster von außen beobachten würde, was würde ich zum aktuellen Zeitpunkt an Verhalten sehen?
- Wenn Sie mal versuchen, Ihr aktuelles Verhalten einer Person zu berichten, die gar nichts von dem Problem und von Ihrer Situation kennt, wie würde das klingen?

Im zweiten Schritt ist es sinnvoll, den *– 2-Zustand* zu operationalisieren. Dies hat den Hintergrund, dass eine wirkliche Skala entsteht und der Patientin vermittelt wird, dass wir zufällig den Punkt, an dem sie aktuell steht, als Nullpunkt wählen, dies aber nicht bedeutet, dass es nicht noch weiter – salopp gesagt – „bergab" gehen könnte. Diese Auseinandersetzung mit einer möglichen Verschlechterung ist für viele junge Kollegen zunächst irritierend, ist aber aus verschiedenen Gründen sinnvoll. Zum einen gibt die – 2-Stufe sozusagen offiziell die Erlaubnis, dass bei einer Zwischen-Messung auch eine Verschlechterung eingetroffen sein darf. Falls dem so ist, erleichtert dies der Patientin, darüber offen zu sprechen und nicht eine eventuelle Verschlechterung aus Scham zu verschweigen. Außerdem kann auch die Auseinandersetzung mit einer möglichen Verschlechterung paradoxerweise zu Entlastung führen, wenn Patienten das Gefühl bekommen „Es könnte ja auch noch schlimmer sein" bzw. „Gut, dass ich mich jetzt darum kümmere". Manchmal erinnern sich Patienten auch an Zeiten, in denen es ihnen bezüglich des aktuellen Themas noch schlechter ging, so dass dieser Zeitpunkt als *– 2-Zustand* herangezogen werden kann. Gerade, wenn das *GAS* doch nicht ganz am Beginn der Behandlung möglich war, sondern vielleicht zu einem späteren Zeitpunkt nachgeholt wird, ist die Definition eines *– 2-Zustands* wichtig, der dann unter Umständen den Zustand zum Beginn der Psychotherapie darstellt. Somit kann auf diese Art nachträglich die schon begonnene Verbesserung abgebildet werden. Dies ist manchmal der Fall, wenn zu Beginn der Psychotherapie ein derart krisenhafter Zustand vorlag, dass es zunächst ausschließlich um *harm reduction* gehen konnte und für strukturelle Vorarbeiten wie eine Zielbesprechung keine Zeit geblieben war, oder auch, wenn es der Patientin zu Beginn so schlecht ging, dass ein *GAS* eine Überforderung dargestellt hätte. Der − 2-Zustand ist üblicherweise deutlich kürzer als der Null-Zustand. Manchmal besteht er nur aus einem Satz, z. B. aus einer Qualität aus dem Null-Zustand, die sich verschlechtert. Dies wäre beispielsweise bei einer Agoraphobie ein Satz wie „Ich verlasse das Haus gar nicht mehr". Da wie erwähnt die Auseinandersetzung mit dem Ist-Zustand und mit einer weiteren Verschlechterung die emotionale Belastung der Patientin weiter erhöhen kann, sollte idealerweise darauf geachtet werden, dass auf jeden Fall genug Zeit bleibt, dass noch in der Stunde mindestens mit der Operationalisierung des Ziel-Zustands begonnen werden kann.

Mit der Operationalisierung des Ziel-Zustands ändert sich die Stimmung bei den meisten Patienten sofort merkbar. Die konkrete Auseinandersetzung mit dem Ziel-Zustand, mit einer möglichen Zukunft, in der mehr Zufriedenheit mit der eigenen Situation und dem eigenen Verhalten herrscht, ist immer wieder deutlich beobachtbar eine erste starke therapeutische Intervention und damit viel mehr als nur eine strukturelle lästige Pflicht für die Psychotherapeutin. Für diese Operationalisierung ist es sinnvoll, sich Zeit zu nehmen, möglichst viele Qualitäten des Erlebens mitaufzunehmen und viele verschiedene Situationen, die von dem Problem betroffen sind bzw. die mitverändert werden sollen. Die Aufgabe der Psychotherapeutin ist es, alle aufgenommenen Äußerungen auf Realitätsnähe zu prüfen sowie zu generelle Aussagen etwas umzuformulieren. Wichtig ist, dass im Zielzustand ausreichend Flexibilität vorhanden ist. Hier helfen die Adverbien *oft, meistens, üblicherweise* oder auch Ergänzungen wie „Ausnahmen sind möglich" oder relativierende Einschübe. Damit sollen nicht schon Ausreden für das Nicht-Erreichen eingeplant werden, sondern das Ziel soll ausreichend flexibel und breit formuliert werden, damit eine einmalige Nicht-Erreichung nicht sofort die Motivation zum Weiterarbeiten unterdrückt. Ob ein Zielzustand trotz Flexibilisierung und Realitätsprüfung noch attraktiv genug ist, zeigt die abschließende Prüfung: Es hat sich als sinnvoll erwiesen, den fertig formulierten Zielzustand noch einmal komplett laut vorzulesen und diesen auf die Patientin wirken zu lassen. Gegebenfalls mit einer Frage wie „Wie klingt das?" kann dann überprüft werden, ob eine positive verbale und/oder non-verbale Reaktion erfolgt. Wenn der + 4-Zustand gut ausgearbeitet ist, erzielt er meistens positive Reaktionen wie „Ach, wenn ich da wäre, das wäre toll" oder zumindest auch „Das wäre ja schon mal ein wirklich guter Anfang". Wichtig ist auch sich klarzumachen, dass das sorgfältige gemeinsame Erarbeiten des Zielzustands von Psychotherapeutin und Patientin ein starkes Signal an die Patientin aussendet: dass sich die Psychotherapeutin gemeinsam mit der Patientin auf dieses Ziel festlegt, enthält auch die Botschaft, dass die Psychotherapeutin aus fachlicher Sicht diesen Zielzustand mittragen kann, dass sie mit ihrer Erfahrung das Vorhaben gutheißen und als realistisch erreichbar einschätzen kann. Damit ist der + 4-Zustand nicht mehr nur ein Wunsch, ein „Schön wär's", sondern ein realistisch zu erreichendes Ziel, mit Bestätigung einer Fachperson.

Nach Abschluss des *GAS* ist es sinnvoll, dass die Patientin eine Kopie (z. B. als Foto auf dem Smartphone oder auch auf Papier) davon mitnimmt. Zur konkreten Gestaltung gibt es verschiedene Varianten: Wenn es die Möglichkeit zur Aufbewahrung von Flipcharts gibt, ist eine gute Möglichkeit, das *GAS* auf einem Flipchart festzuhalten und dieses dann in regelmäßigen Abständen gemeinsam zur Messung von Zwischenwerten anzusehen. Ebenso möglich ist es, das *GAS* auf einem DIN A4-Blatt, auf einem Tablet oder in einem Therapie-Ordner der Patientin festzuhalten. Der Zeitaufwand beträgt erfahrungsgemäß meist nicht unter einer Therapiestunde, ist aber individuell sehr verschieden und hängt stark vom Redebedürfnis der Patientin und dem Strukturierungsgrad der Psychotherapeutin ab. Hier eröffnet sich das schon an anderer Stelle erörterte Spannungsfeld zwischen der Etablierung einer tragfähigen therapeutischen Beziehung in den ersten Stunden und der strukturierten Zielfestlegung. Die Festigung der therapeutischen Beziehung geschieht üblicherweise über die Faktoren aktives Zuhören, Validieren, Spiegeln und andere gängige Gesprächsführungstechniken, die teilweise in Konflikt geraten können mit der für ein *GAS* notwendigen strukturierten, teils direktiven Gesprächsführung. Hier hilft, wie in vielen Bereichen der Psychotherapie, zunehmende Erfahrung, um ein Gespür für die richtige Mischung aus Struktur und Offenheit für die Anliegen der Patientin zu entwickeln. Wenn es an dieser Stelle Unsicherheiten gibt, gerade bei noch unerfahrenen Kolleginnen, hilft eine Auseinandersetzung mit diesem Punkt in der Supervision. Eine zu starke Strukturierung birgt unter Umständen die Gefahr, dass die Patientin sich nicht ausreichend verstanden fühlt und schlimmstenfalls die Behandlung abbricht, weshalb es zunächst der sicherere Weg ist, dies eher zu vermeiden. Ich möchte dennoch ermutigen, dass es für einen konstruktiven Psychotherapieprozess entscheidend wichtig ist, schon von Beginn an auch strukturierend und regulierend den Prozess zu steuern. Hier ist die Zielfindung unter Umständen auch eine erste Weichenstellung für das gemeinsame Arbeiten.

Im Ausbildungskontext ist es oft üblich, die Veränderungsstufen direkt zu Beginn der Psychotherapie für alle vorliegenden Ziele zu operationalisieren. In der Praxis ist der Aufwand dafür meist zu hoch. Der Zeitaufwand für ein Ziel liegt meist nicht bei weniger als einer Therapiestunde. Daher ist an dieser Stelle meist eine Flexibilisierung je nach Setting notwendig. Wenn zu Beginn schon ein komplettes *GAS* für alle vorliegenden Ziele erforderlich ist, kann es eine Möglichkeit sein, das *GAS* für das erste Ziel mit der Patientin gemeinsam durchzuführen und die weiteren Ziele als Hausaufgabe mitzugeben und die Stufen dann nur noch gemeinsam zu besprechen und ggf. anzupassen. Dies ist unter anderem abhängig von der Schwere der Erkrankung, von der vorliegenden Bereitschaft für Hausaufgaben, von den kognitiven Fähigkeiten der Patientin und vom allgemeinen Funktionsniveau. Je nach Fallkonstellation kann es notwendig sein, Anpassungen vorzunehmen und z. B. vorerst nur für ein Ziel Veränderungsstufen zu operationalisieren.

Messungen mit dem GAS
Seine wahre Stärke zeigt das *GAS* schließlich erst im Verlauf, nämlich dann, wenn es wirklich an die ersten Mess-Anwendungen geht. Der erste und deutlich aufwändigste Schritt

ist das Erstellen des GAS, das, wie hoffentlich deutlich wurde, auch schon positive Effekte hat. Wenn diese Vorarbeit erledigt ist, kann das *GAS* dann in regelmäßigen Abständen zu Beginn der Stunde genutzt werden, um die Zielerreichung zu messen. Diese Messung benötigt je nach Häufigkeit des Einsatzes nicht mehr als 5 Minuten. Konkret leitet die Psychotherapeutin die Stunde, in der eine Zwischenmessung erfolgen soll, am besten direkt zu Beginn damit ein, dass sie das *GAS*-Flipchart schon bereithält und die Patientin bittet, auf der gemeinsam erarbeiteten Skala ihre aktuelle Zielerreichung einzuschätzen. Den allermeisten Patientinnen fällt diese Einschätzung sehr leicht, was vermutlich daran liegt, dass das Ziel ja individuell für sie und mit ihnen erarbeitet wurde und sie sich beim erneuten Blick auf die Ziel-Formulierungen direkt wieder emotional mit den festgelegten Zuständen verbinden können. Die genannten Werte werden notiert und je nach Arbeitskontext kann mit den Verlaufsmessungen zum Abschluss auch eine Grafik erstellt werden, analog zu anderen eingesetzten Messinstrumenten. Für manche Patientinnen ist die Messung damit auch schon erledigt, vor allem dann, wenn sich die Einschätzung mit der Wahrnehmung der Psychotherapeutin deckt. Wenn also z. B. die Psychotherapeutin den Eindruck einer sich gut entwickelnden Psychotherapie hat, erste Interventionen umgesetzt wurden und Wirkung zeigen und die *GAS*-Zwischenmessung zur 10. Stunde ein + 2 ergibt, kann das kurz gewürdigt werden und rasch zur inhaltlichen Arbeit übergegangen werden. Auch wenn dagegen der Einstieg schwierig war, unvorhergesehene Umstände zusätzlich aufkamen, die einen Fortschritt im geplanten Ziel noch nicht möglich gemacht haben und das *GAS* nach Stunde 10 einen Wert von *0* ergibt, ist das kein Grund, verunsichert zu sein. Therapeutische Einschätzung und die *GAS*-Rückmeldung passen ja zusammen. Es kann dann noch mal kurz überprüft werden, ob das festgelegte Ziel trotz der unerwarteten neuen Umstände weiterhin passt oder ob die Umstände (z. B. unerwarteter Tod oder Unfall in der Familie) etwas an den Therapiezielen verändert haben und eine Anpassung notwendig ist oder nicht. Nur wenn eine Diskrepanz zwischen der Wahrnehmung der Psychotherapeutin und der *GAS*-Einschätzung vorliegt, ist es wichtig, dies zu thematisieren und Gründe dafür herauszufinden. Bezüglich der Frequenz sind alle 10 Sitzungen eine in Ausbildungsinstituten gängige Vorgehensweise. Viel häufiger könnte den Prozess eher stören, Psychotherapeutin und Patientin sollen ja zwischen den Messungen auch Gelegenheit haben, etwas in Gang zu bringen. Häufig wird das *GAS* auch nur zur Abschlussmessung und nicht zur Verlaufsmessung verwendet, dies bietet sich häufig in stationären Einrichtungen an, in denen die Prozesse deutlich kürzer und kompakter sind als im ambulanten Setting. Und im Übrigen ist auch die Frequenz individuell festlegbar. Es ergibt z. B. Sinn, bei Unsicherheiten auf Psychotherapeutenseite das *GAS* als Gratmesser zu nutzen, um mit der Patientin darüber ins Gespräch zu kommen, ob der eingeschlagene Weg noch der richtige ist oder ob Anpassungen notwendig sind. In diesem Fall könnte es sein, dass die *GAS*-Messung der Einstieg in eine Stunde ist, die sich noch mal komplett um das Thema Ziele und Planung des Wegs dorthin dreht. So eine Zwischenevaluation mit ggf.

notwendigen Veränderungen des Vorgehens sind bei Weitem keine verschwendete Zeit, sondern sparen im Gegenteil im Zweifel viele Stunden ein, in denen ohne eine solche Zwischenevaluation weiterhin eine nicht ganz passende Richtung verfolgt worden wäre. Jede Messung mit dem *GAS* hat implizit förderliche Effekte für die Psychotherapie: Zum einen setzt dieses Vorgehen eine transparente Beziehungsgestaltung auf Augenhöhe sehr anschaulich um. Außerdem zeigt sie der Patientin, dass die Behandlung einen roten Faden hat, den die Psychotherapeutin bei allen möglichen Umwegen, unvorhergesehenen Ereignissen, Höhen und Tiefen eines psychotherapeutischen Verlaufs nicht aus den Augen verliert. Dies kann die Zuversicht und das Vertrauen in die Kompetenz der Psychotherapeutin zusätzlich stärken. Und schließlich bietet diese Vorgehensweise auch der Psychotherapeutin Sicherheit und Struktur, was gerade für ein komplexes Feld wie die Psychotherapie Voraussetzung für Selbstwirksamkeitserleben in der Arbeit ist. Man kann sich die Zwischenmessungen mit dem *GAS* wie den Blick auf das Navigationssystem im Auto vorstellen: Nachdem man ein Ziel eingegeben hat, hat man sich einen Weg ausgesucht und verfolgt diesen nun. Es gibt Hinweise in der Landschaft, ob man richtig zu sein scheint (Wegweiser, Ortsschilder), aber ob man wirklich in der richtigen Richtung unterwegs ist, zeigt dann klar und deutlich der Abgleich des eigenen Standorts mit der Landkarte. Mit diesem Vergleich wird klar, warum eine regelmäßige Zwischenmessung generell sinnvoll ist und vor allem auch, warum solche Zwischenmessungen je wichtiger sind, desto weniger Hinweise die Psychotherapeutin aus „der Landschaft" erahnen kann. Dies kann an mangelnder Erfahrung aber auch an Besonderheiten der Patientin liegen (z. B. eine reduzierte Kommunikation oder interpersonelle Schwierigkeiten). Gerade in komplizierten Therapieverläufen zeigt sich also oft, wie wertvoll und wichtig die Vorarbeit der Festlegung eines *GAS* sein kann, zur Orientierung und gegebenenfalls schnellen Anpassung des Vorgehens.

Zum Abschluss zeigt Abbildung 3 noch ein weiteres Beispiel eines ausgefüllten *GAS*. Es handelt sich um den Fall einer jungen Patientin mit Zwangshandlungen, an deren Beispiel ich eindrücklich erleben konnte, wie hilfreich die Strukturierung durch ein *GAS* sein kann: Die Patientin konnte innerhalb eines Jahres sehr gute Fortschritte verzeichnen, die Symptomatik war deutlich reduziert. Gegen Ende der Behandlung lud ich sie ein, erneut einen Blick auf das zu Beginn der Behandlung erarbeitete *GAS* zu werfen. Beim Lesen des Null-Zustands begann die Patientin unmittelbar an zu weinen – weil sie völlig vergessen hatte, wie schlecht es ihr zu Beginn der Psychotherapie gegangen war. Sie fühlte in diesem Moment die Erleichterung über die erzielten Verbesserungen sehr eindrücklich. Mit Blick auf den Zielzustand konnte die Patientin dann festhalten, dass sie komplett bei + 4 angelangt war und wir guten Gewissens den Abschluss der Behandlung einleiten konnten. Diese Stunde erlebte die Patientin als enorm stärkend und selbstwertstabilisierend. Ohne die Investition zu Beginn in ein sorgfältiges *GAS* wäre diese schöne Erfahrung am Ende in dieser Deutlichkeit nicht möglich gewesen.

Abbildung 3: Beispiel *GAS*

Patient*in: Frau H.

Ziel Nummer 1: Ansteckungsangst

Datum: 22.04.2023

Zielformulierung: Ich kann mein Leben ohne Einschränkungen durch die Angst leben.

Veränderungsstufe +4:

Ich desinfiziere im Alltag nicht die Hände und auch keine Oberflächen, nur in speziellen Ausnahmesituationen (Verletzungen, Kontakt mit Tierkot oder Kadavern). Ich desinfiziere keine Oberflächen mehr. Ich nutze flexibel öffentliche Toiletten, wenn es sein muss. Nach dem Toilettengang wasche ich mir die Hände, nicht davor. Die Angstgedanken tauchen hin und wieder auf, nehmen mich aber nicht mehr dauerhaft in Beschlag. Ich kann alle Straßen der Stadt begehen und nehme den direktesten Weg zu meinem Ziel, auch wenn es stark verschmutzte Straßen sind.

Ist-Zustand 0:

Ich desinfiziere mir circa 20-mal pro Tag die Hände. Ich desinfiziere mindestens einmal täglich mein Handy, meine Schlüssel und mein Portemonnaie. Alle Tätigkeiten dauern länger. Ohne Desinfektion sind manche Tätigkeiten wie z.B. einkaufen nicht möglich. Die andauernden Angstgedanken sind anstrengend und ich kann mich oft schwer auf andere Dinge fokussieren. Ich vermeide öffentliche Toiletten. Ich vermeide bestimmte Straßen, die sehr verschmutzt sind.

Veränderungsstufe -2:

Die Angstgedanken sind noch stärker, häufiger und nehmen mich mehr in Beschlag. Ich desinfiziere noch häufiger.

Literatur

Kiresuk, T., & Sherman, R. E. (1968). Goal Attainment Scaling: A general method for evaluating comprehensive community mental health programs. *Community Mental Health Journal, 4,* 443–453.

Kiresuk, T., Smith, A., & Cardillo, J. E. (Hrsg.). (1994). *Goal attainment scaling: Applications, theory, and measurement.* Lawrence Erlbaum Associates.

Shefler, G., Canetti, L., & Wiseman, H. (2001). Psychometric properties of goal-attainment scaling in the assessment of Mann's time-limited psychotherapy. *Journal of Clinical Psychology, 57,* 971–979.

Alternative Strategien für die Arbeit mit Zielen

8

▶ **ZIEL** *Anregungen für vielfältige verschiedene Wege geben, um Zielorientierung in die Psychotherapie zu integrieren; Impulse geben, um eigenständig Ideen für Patientinnen weiterzuentwickeln*

In diesem Kapitel soll es darum gehen, Alternativen aufzuzeigen für Settings und/oder Patienten, für die ein komplettes *GAS* nicht in Frage kommt. Das *Goal Attainment Scaling* ist der Gold-Standard in der Zielfestlegung mit allen in Kap. 7 beschriebenen Vorteilen, aber auch Nachteilen. Der gewichtigste Nachteil ist der Zeitaufwand, von dem man sich nicht zu schnell abschrecken lassen sollte, wenn man sich bewusst macht, welche Vorteile und eventuell spätere Zeitersparnis das *GAS* auch bereithalten kann. Da das *GAS* aber nur eine Möglichkeit ist, die Zielorientierung in die Psychotherapie zu implementieren, sollen in diesem Kapitel viele Anregungen gegeben werden für weitere Möglichkeiten, die Zielorientierung auch ohne *GAS* nicht aus den Augen zu verlieren. Eine Warnung vorab: Dieses Kapitel könnte zu Verwirrung führen, da einige der beschriebenen Strategien den Ausführungen in Kap. 3 zu guten Therapiezielen widersprechen. Der Widerspruch lässt sich auflösen, wenn man sich die übergeordnete Botschaft vor Augen führt: *Jede Art von Zielorientierung ist besser als keine Zielorientierung.* Daher steht dieses Kapitel zum einen im Zeichen der realistischen Planung eines psychotherapeutischen Verlaufs, der auch für Nicht-Lehrbuch-Patienten hilfreich sein kann, zum anderen im Zeichen der Versorgungsrealität, dass nicht immer ausreichend Ressourcen vorhanden sind, um eine Lehrbuch-Zielfestlegung mit dem *GAS* umzusetzen. Die folgende Strategien-Sammlung ist eine bunte

---

Ergänzende Information Die elektronische Version dieses Kapitels enthält Zusatzmaterial, auf das über folgenden Link zugegriffen werden kann [https://doi.org/10.1007/978-3-662-70256-7_8].

© Der/die Autor(en), exklusiv lizenziert an Springer-Verlag GmbH, DE, ein Teil von Springer Nature 2025
S. Wahl, *Ziele in der Psychotherapie*, Psychotherapie: Fort- & Weiterbildung, https://doi.org/10.1007/978-3-662-70256-7_8

Mischung aus verschiedenen Anregungen, die hoffentlich dabei hilft, Zielorientierung in ganz verschiedener Art und Weise zu denken und umzusetzen, statt nur mit der einen Variante des *GAS*.

Alle vorgeschlagenen Strategien sind sowohl für den ambulanten als auch für den stationären Kontext umsetzbar. An dieser Stelle noch ein Wort zu den Unterschieden in der Zielfestlegung in den verschiedenen Settings: Wendisch (1999) gibt eine gute Übersicht über die Aspekte, die sich bezüglich der Zielfindung im stationären Kontext vom ambulanten Kontext unterscheiden. Beispielsweise ist es ein Unterschied, ob Kostenträger mitbeteiligt sind an der Zielfestlegung, wie es eher im stationären Kontext der Fall sein kann (z. B. Rentenversicherung im Reha-Kontext) oder nicht. Auch der engere Zeitrahmen stationär ändert den Blick auf die Zielfestlegung. Im stationären Kontext sind Ziele außerdem oft nicht nur psychotherapeutischer, sondern auch medizinischer und soziotherapeutischer Natur, und diese Ziele müssen aufeinander abgestimmt werden. Schließlich kann die Ziel-Evaluation in der stationären Psychotherapie oft nur teilweise in der Therapie geschehen, da eher Prozesse angestoßen werden, deren Ergebnis sich erst einige Zeit nach der stationären Entlassung zeigen kann. Aufgrund dieser Unterschiede zwischen stationärem und ambulantem Kontext sind die folgenden Strategien ganz besonders relevant für die verschiedenen stationären Settings, da sie flexibel auf die vorliegenden Rahmenbedingungen anpassbar sind.

8.1   Reduziertes *GAS*

Gleich zu Beginn und an das *GAS*-Kapitel anschließend möchte ich erläutern, dass es zahlreiche Möglichkeiten gibt, das *GAS* in reduzierter Form anzuwenden. Eine noch recht umfangreiche Möglichkeit besteht darin, alle vorliegenden Ziele zwar in einem Satz festzulegen, aber nur für eines davon die Veränderungsstufen zu operationalisieren, üblicherweise für das erste zu bearbeitende. Diese Vorgehensweise lässt die Möglichkeit offen, zu einem späteren Zeitpunkt auch noch für andere Ziele ein komplettes *GAS* mit Veränderungsstufen festzulegen oder im Verlauf zu sehen, dass dies vielleicht gar nicht mehr notwendig ist, weil z. B. mit der Bearbeitung des ersten Ziels schon ein starker Generalisierungseffekt eingetreten ist. Eine weitere Möglichkeit der Reduktion ist es, nur einen Zielzustand zu operationalisieren und festzuhalten, womit man sich den Vorteil der gestärkten Therapiemotivation zunutze machen kann und auch Zwischenmessungen erfolgen können. Nicht sinnvoll reduziert werden kann das schriftliche Festhalten: Nur dieses ermöglicht sinnvolle Zwischenmessungen mit Blick auf den festgehaltenen Zielzustand. Wie genau das schriftliche Festhalten umgesetzt wird, ist wiederum flexibel und kann individuell auf die Vorlieben der Psychotherapeutin, die Bedürfnisse des Patienten und den Behandlungsrahmen zugeschnitten werden. Ob Flipchart, DIN A4-Blatt in der Akte, in der Therapiekladde der Patientin, auf dem Handy oder im Kalender der Patientin, es gibt viele Möglichkeiten, Ziele schriftlich niederzulegen.

8.2 „Der rote Faden" – Auflistung von Zielen oder Problembereichen auf Flipchart als roter Faden in der Psychotherapie

Eine Vorgehensweise, die sich in der stationären Psychotherapie bewährt hat, ist es, die Problem-/Themenbereiche auf einer Flipchart mit Datum aufzulisten und auf einer Skala von 1–10 den aktuellen Zustand einschätzen zu lassen. In regelmäßigen Abständen oder auch nur einmal zum Abschluss der Behandlung kann dann erneut auf dieses Flipchart Bezug genommen werden, das aktuelle Datum hinzugefügt werden und in einer 2. Spalte neben die Einschätzungen vom Aufnahmezeitpunkt erneut der Zustand auf einer Skala von 1–10 eingeschätzt werden. Wie man sich vorstellen kann, ist dieses Vorgehen deutlich holzschnittartiger und grober als ein differenziertes *GAS*. Dennoch hat man den Vorteil, dass die Psychotherapie strukturiert wird, dass die Patientin ihre eigenen Themen direkt einbringen kann und dass eine Veränderungsmessung möglich ist mit allen damit zusammenhängenden Vorteilen. Diese Vorgehensweise erfordert einen Zeitaufwand von ca. 20 Minuten und birgt außerdem noch den nicht zu unterschätzenden Vorteil (den übrigens alle Zielfestlegungen haben), dass die Berichterstellung ebenfalls schon vorstrukturiert und dadurch erleichtert wird. Bei etwas mehr Zeit kann das Vorgehen dahingehend erweitert werden, dass die Themenbereiche als Ziele nach den Kriterien für gute Therapieziele formuliert werden. Wichtig bei dieser Vorgehensweise ist, flexibel und kreativ mit den Zielen/Themen umzugehen. Es ist erlaubt, im Lauf der Psychotherapie Themen zu streichen, umzuformulieren oder einzuklammern. Wenn das Flipchart als sich mitentwickelndes Dokument genutzt wird, kann es eine gute Begleitung im Therapieverlauf sein, ohne viel Zeit zu kosten.

Abb. 8.1 zeigt beispielhaft eine Themensammlung mit den Einstufungen zu Beginn einer stationären Behandlung. Es handelt sich um einen 4-wöchigen stationären akutpsychiatrischen Aufenthalt einer Patientin, die in derselben Klinik schon mehrfach behandelt worden war. Daher konnte bezüglich der Themen an Voraufenthalte angeknüpft werden.

Themensammlung		21. März
1.	Interpersonelle Strategien (allgemein)	5
	(mit persönlich wichtigen Menschen)	2
2.	Wertlosigkeitsgefühl (Idee: Ehrenamt)	0
3.	Beziehung/Umgang mit Männern	2
4.	Selbstfürsorge	7
5.	Schlafstörung/Umgang mit Medikamenten	5

Abb. 8.1 Themensammlung als roter Faden

Die in dieser Behandlung fokussierten Themen waren Interpersonelle Strategien, Wertlosigkeitsgefühl, Beziehung/Umgang mit Männern, Selbstfürsorge und Schlafstörung/Umgang mit Medikamenten. An diesem Beispiel sieht man, wie ein solches Themen-Flipchart ein lebendiges Dokument sein kann, das flexibel erweitert und verändert werden kann. Wie man sieht, startet die Patientin bei einigen der Themen nicht bei 0, was an den Voraufenthalten liegt und daran, dass der hier erläuterte Klinikaufenthalt als kurzzeitige Stabilisierung geplant war. Die Patientin war wegen eines impulshaften Suizidversuchs akut in die Klinik eingewiesen worden. Haupt-Auslöser des Suizidversuchs war das Wertlosigkeitsgefühl, das entsprechend in der Aufnahme-Messung bei 0 lag. Die Themen interpersonelle Strategien, Selbstfürsorge und Schlafstörung waren in den Voraufenthalten schon ausführlicher psychotherapeutisch bearbeitet worden und lagen daher erfreulicherweise auch schon bei Aufnahme bei 5–7 auf einer Skala von 0–10. In dem vierwöchigen Aufenthalt lag der Fokus damit primär auf den Themen Wertlosigkeitsgefühl und Beziehung/Umgang mit Männern. Wie man in Abb. 8.2 sieht, konnte eine Verbesserung beim Wertlosigkeitsgefühl von 0 auf 5 erzielt werden, beim Thema Beziehung eine Verbesserung von 2 auf 3 (Umgang mit Männern) bzw. 5 (Beziehung). Auch sichtbar ist hier, dass Ziele sich im Laufe einer Behandlung verändern können. Die Patientin war sich im Laufe der Gespräche darüber klar geworden, dass Sie gar keinen Wunsch nach einer Beziehung mit einem Mann hat und dass ihr Impuls, sich immer wieder auf Anfragen von Männern einzulassen, mit ihrer Vorgeschichte und ihrer PTBS in Zusammenhang stehen. Sie erkannte außerdem, dass sie durchaus einen Beziehungswunsch hat, dass dieser sich aber eher auf Frauen als auf Männer bezieht. Mit diesen Erkenntnissen wurden bei der Abschlussmessung die entsprechenden Stichworte auf dem Flipchart einfach angepasst, was illustriert, was mit „lebendiges Dokument" gemeint ist. Schön zu sehen ist an diesem Beispiel ein Generalisierungseffekt der psychotherapeutischen Arbeit auf andere Themen. Ohne dass diese gezielt fokussiert worden

	Themensammlung	21. März	19. April
1.	Interpersonelle Strategien (allgemein)	5	7
	(mit persönlich wichtigen Menschen)	2	4
2.	Wertlosigkeitsgefühl (Idee: Ehrenamt)	0	5
3.	Beziehung/Umgang mit Männern	2	Umgang Männer: 3, Beziehungsklärung: 5
	-> Umgang mit Männern: Thema PTBS!, Beziehungswunsch: Frauen?		
4.	Selbstfürsorge	7	7
5.	Schlafstörung/Umgang mit Medikamenten	5	6

Abb. 8.2 Themensammlung als roter Faden II

wären, hat die Patientin dennoch ihre interpersonellen Strategien von 5 auf 7 gesteigert (allgemein in Beziehungen) und von 2 auf 4 bei persönlich wichtigen Menschen. Bezüglich der Schlafstörung/Umgang mit Medikamenten ergab sich eine leichte Verbesserung, die auch durch die parallele ärztlich-psychiatrische Behandlung mitbedingt war. Wie dieses Beispiel zeigt, kann ein in wenigen Minuten beschriftetes Flipchart, gemeinsam mit der Patientin erarbeitet, den roten Faden in einer Behandlung darstellen und helfen, relevante Informationen auf einen Blick zusammenzufassen. Wie man sich anhand dieses Beispiels vielleicht vorstellen kann, ist der psychotherapeutische Teil des Entlassberichts mit Unterstützung dieser Struktur im Grunde schon halb erledigt.

8.3   Einstieg über „zu große" Ziele

Eine Strategie, die besonders bei komplexeren Patienten meiner Erfahrung nach sehr weiterhelfen kann, ist ein Einstieg in das Thema Ziele über eigentlich „zu große" Ziele, das bedeutet Ziele, die bezüglich der Kriterien für gute Therapieziele bei dem Kriterium „Erreichbarkeit" wohl durchfallen würden. Es scheint im ersten Moment gegen die Intuition zu sein, gerade bei schwerer kranken Patienten an größere, weiter entfernte Ziele zu denken. Meine Erfahrung ist aber, dass gerade schwerer psychisch beeinträchtigte Menschen mehr Unterstützung für die Motivierung von Veränderungsschritten brauchen als andere und dass eine anfängliche Fokussierung auf große Fernziele dabei helfen kann. Kanfer et al. (2012) würden in ihrem *7-Phasen-Modell* die hier genannten großen Ziele als Teil der Phase 2 (*Aufbau von Therapiemotivation*) fassen, die anschließende Konkretisierung wäre dann Bestandteil von Phase 4 (*Klären von Therapiezielen*). Hier geht es meist um Ziele, die für funktionalere Patienten durchaus realistische Ziele sein könnten, für stark beeinträchtigte und wenig funktionale Patienten aber ein langes Stück Weg bedeuten würden. Zum Beispiel kann das das Eingehen einer dauerhaften Paarbeziehung sein oder das Finden einer Arbeit, eventuell auch das Auswandern in ein anderes Land oder auch materielle Sicherheit im Sinne von einem „großen Haus" oder einem Auto. Gerade die materiellen Ziele sind oft ein Thema bei Menschen, denen kein Einstieg ins Berufsleben geglückt ist, was bedeutet, dass der Weg zu diesen Zielen sicher nicht ausschließlich in einer Psychotherapie zu finden sind. Vermutlich sind diese Ziele nicht nur sehr groß, sondern es sind wahrscheinlich noch dazu *vehicle goals* (s. Box in Kap. 5), hinter denen vermutlich ein anderes Ziel steht, wie z. B. Anerkennung bekommen oder Selbstwert stärken. Da es nur darum geht, einen Einstieg in das Thema über die großen, entfernten Ziele zu bekommen, heißt das nicht, dass sie in der Art stehenbleiben und womöglich sogar über ein *GAS* operationalisiert werden. Es geht eher darum, Fernziele wie Beziehung, Auswandern oder einen lukrativen Job mit in die Planung aufzunehmen und zu würdigen und vor allem sie als Motivationshilfe zu nutzen. Hier hilft der schon erwähnte nicht zu unterschätzende Effekt, den es hat, wenn eine Fachperson in Form einer Psychotherapeutin vor einem sitzt und ein Ziel nicht belächelt, sondern es mit in die Planung aufnimmt. Damit gibt sie eine Art Bestätigung, dass es sich eben nicht um eine Utopie handelt, von der man für alle Zeit nur träumen kann, sondern dass sie eine Möglichkeit sieht, dass das Leben eine Wendung in der Art nimmt, dass das ferne Ziel eben doch erreichbar wird und dass Psychotherapie hierfür eine Unterstützung sein kann. Daher ist wichtig zu betonen: Es sollte sich nicht um Utopien handeln, also um unter keinen Umständen zu erreichende Ziele. Ein 50-jähriger Mann wird in diesem Leben das Ziel, Fußballprofi zu werden, nicht mehr erreichen, dieses Ziel wäre also eine Utopie, ebenso wie eine 65-jährige Frau ihren Kinderwunsch nicht mehr umsetzen können wird. Beim Umgang mit Utopien wird es noch wichtiger, zu verstehen, ob die Utopie vielleicht nur ein *vehicle goal* ist, das im Dienste eines anderen Ziels steht, das vielleicht auch ohne die Utopie erreichbar sein könnte (im ersten Fall eventuell Anerkennung? Im zweiten Fall vielleicht Verbundenheit?). Oder ob es wirklich nicht erfüllte Lebensziele sind, bei denen es noch darum geht, ihre Nicht-Erfüllung zu betrauern. Dann wären das Betrauern und dann folgend der Aufbau von Akzeptanz unabänderlicher Situationen sich anschließende mögliche Ziele, die Hand in Hand mit dem Aufbau erreichbarer alternativer Lebensziele verlaufen könnten.

In der konkreten Umsetzung gehe ich so vor, dass die großen Ziele ganz ans obere Ende eines Ziel-Flipcharts geschrieben werden, dort gewissermaßen als Fixstern wirken können, an den man sich erinnern kann und der auch mit Hilfe von Imaginationsübungen gestärkt werden kann (s. unten, Einsatz von Imaginationen). Hier kann das „eigentlich zu große" Ziel seine motivationale Wirkung jedes Mal entfalten, wenn eine Zwischenstands-Messung bezüglich der Zielerreichung geschieht. Im nächsten Schritt wird ganz unten auf dem Flipchart das aktuelle Datum oder eine andere Art von Ist-Zustand festgelegt. Damit ist das Spannungsfeld zwischen Ist-Zustand und Ziel-Zustand eröffnet und es kann mit dem Patienten gemeinsam überlegt werden, welche Schritte notwendig sein könnten, um das gewünschte Ziel zu erreichen und dann auch konkret, wie die Psychotherapie unterstützen kann.

Abb. 8.3 zeigt ein Beispiel eines Patienten während eines akutpsychiatrischen Klinikaufenthalts. Der 35-jährige Patient war sehr lange Zeit krankgeschrieben nach einer Krebserkrankung und litt seit Jahren unter einer chronischen Depression sowie narzisstischen Persönlichkeitszügen. Seine Lebenssituation war festgefahren, er war sozial isoliert. Die Motivation zur Psychotherapie war brüchig. Es wurde bei den Fernzielen begonnen mit der Aufforderung, Dinge zu nennen, die er sich in seinem Leben wünscht, was zu „Schickes Loft, hübsche Frau, 2 Kinder, 2 Hunde, Beruf der mich erfüllt und viel Geld bringt, Lebensfreude oder ein Haus mit Pool auf Korsika" führte. Entsprechend der Strategie *zu große Ziele zulassen* wurden all diese Ziele aufgenommen und wertgeschätzt. Die Auseinandersetzung mit diesen Fernzielen ermöglichte es dann, dass der Patient sich auf die Frage einließ, welche nächsten Schritte ihn in die Richtung dieser Ziele führen würden. Es wurden dann die näherliegenden Ziele „soziale Kontakte finden, Hobby/Sport beginnen und interpersonelle Fertigkeiten erlernen" festgelegt, mit denen dann die psychotherapeutische Arbeit beginnen konnte. Wie Abb. 8.4 zeigt, hatten sich am Ende des stationären Aufenthalts durch die Auseinandersetzung mit den nächsten Schritten auch die Fernziele etwas verändert: Das Loft wurde als unwichtig gestrichen, 2 Kinder wurden eingeklammert als weniger wichtiges Ziel, die 2 Hunde wurden dagegen unterstrichen und als vorrangiges Ziel anvisiert. Der Beruf war noch weiter in den Hintergrund gerückt, dagegen war für den Patienten nun das Ziel „Lebensfreude" die wichtigste Priorität.

8.3 Einstieg über „zu große" Ziele

Abb. 8.3 Einstieg über „zu große" Ziele

Abb. 8.4 Einstieg über „zu große" Ziele II

Allerdings, bei der Arbeit mit großen bzw. Fernzielen sollte nie vergessen werden: Es sollten nur solche Ziele aufgenommen werden, die auch für den Psychotherapeuten nicht komplett unrealistisch bzw. so weit außerhalb der Möglichkeiten des Patienten liegen, dass er nicht guten Gewissens und mit voller Überzeugung hinter dem Plan stehen kann, dass der begonnene Weg früher oder sehr wahrscheinlich eher später zu diesem Ziel führen kann. Dies betone ich deswegen so sehr, um zu verdeutlichen, dass es weniger darauf ankommt, dass ein Fernziel objektiv für einen Patienten erreichbar ist, sondern mehr, dass Patient und Psychotherapeut innerhalb ihrer therapeutischen Beziehung gemeinsam das Commitment spüren, sich dieses Ziel als Richtung vorzunehmen. Wenn der Psychotherapeut allerdings selbst kein inneres Bild davon hat, wie dieser Patient das Fernziel jemals erreichen soll („Wie soll der denn jemals eine Frau finden?"), wird er den Patienten nicht authentisch auf dem Weg begleiten können. Stellvertretende Hoffnungsvermittlung ist hier die Aufgabe des Psychotherapeuten und hierfür braucht es eine gewisse Basis an echter Zuversicht, dass das Fernziel erreichbar ist, wenn auch mit viel Arbeit. Das bedeutet auch, dass die aufgenommenen Fernziele auch individuelle Entscheidungen des Psychotherapeuten beinhalten und dass Ziele, die ein Therapeut aufnimmt, für einen anderen Therapeuten schon zu sehr Utopie sein können. Die Zuversicht, die der Psychotherapeut gerade bezüglich der ersehnten Fernziele entwickeln kann, überträgt sich auf den Patienten, aber eben nur dann, wenn die Zuversicht echt und authentisch ist.

8.4 Ziele schrittweise herunterbrechen oder „Was wäre der nächste Schritt?"

Diese Strategie schließt direkt an die Strategie der „zu großen" Ziele an. Wenn durch Fernziele eine Richtung entwickelt werden konnte, die für den Patienten eine Motivation zur Verhaltensänderung schaffen kann, kann im nächsten Schritt sozusagen zurück zur Startlinie gegangen werden und die Route in Richtung des Fernziels geplant werden. Häufig gelingt es Patienten gut, den nächsten kleinen Schritt in Richtung des großen Ziels zu erkennen. Wenn also das Fernziel eine Familie ist, könnte der nächste Schritt in Richtung dieses Ziels die Anmeldung in einer Dating-App sein, das Anmelden in einem Verein, die Anmeldung bei einem Stammtisch, zu dem man schon lange eingeladen ist oder andere Varianten, mehr in Kontakt mit anderen Menschen zu kommen. Der nächste Schritt könnte ebenso gut zunächst eine Auseinandersetzung mit dem eigenen Misstrauen anderen Menschen gegenüber sein, oder die Auseinandersetzung mit der eigenen schwierigen Familiengeschichte, die einem im Wege steht und daher eine persönliche Weiterentwicklung behindert. Es könnte aber auch die Teilnahme an einem sozialen Kompetenztraining sein oder auch die Behandlung einer vorliegenden sozialen Phobie oder einer anderen psychischen Symptomatik, die aktuell zu viel Energie benötigt, um sich anderen Dingen zu widmen. Auf diese Art und Weise kann eine Verbindung zwischen den persönlich wichtigen Fernzielen und konkreten nächsten, sehr basalen und nicht selten unangenehmen Schritten geschaffen werden. Wenn dem Patienten klarer wird, dass die Auseinandersetzung mit seiner schwierigen Familiengeschichte oder die Exposition seiner Keimphobie ein Stück des Weges zu seinem Ziel ist, eine Familie zu gründen, gibt ihm das die Möglichkeit, die Motivation für diese unangenehmen Aufgaben zu entwickeln. Dies zu visualisieren, wie in Abb. 8.3 und 8.4 gezeigt wurde, kann dem Patienten immer wieder im buchstäblichen Sinn vor Augen führen, wofür sich die Mühe lohnen könnte, sich mit schwierigen, unangenehmen und herausfordernden Themen zu befassen.

8.5 Einsatz von Fragebogen

Der am besten validierte und in vielen Teilen der psychotherapeutischen Versorgung meistverwendete Fragebogen zum Thema Therapieziele ist das *Berner Inventar für Therapieziele (BIT)*. Die Arbeitsgruppe um Grosse Holtforth (2001) hat sich ausführlich mit der inhaltlichen Kategorisierung von Therapiezielen befasst, woraus dann das *Berner Inventar für Therapieziele* hervorgegangen ist. Grosse Holtforth (2001) kritisiert, dass in Zielmessungs-Instrumenten wie dem *Goal Attainment Scaling* der inhaltliche Aspekt komplett außen vorgelassen wird, dass es aber in vielen Forschungs- und Praxiskontexten durchaus auch relevant ist zu wissen, welche Ziele der Patient erreicht hat, nicht nur ob er seine Ziele erreicht hat. Es wurden die Therapieziele von 300 ambulanten Psychotherapiepatientinnen (durch die Behandlung von insgesamt 22 Psychotherapeutinnen) gesammelt, sortiert, statistisch kategorisiert und in einem zweiten Schritt durch weitere Therapieziele von ambulanten und stationären Patientinnen erweitert. Daraus ergab sich eine Taxonomie für Therapiezielinhalte, die dann zu dem Fragebogen und der Checkliste führte, die das *Berner Inventar für Therapieziele* enthält. Das *BIT* enthält in der Checkliste für Patientinnen 5 Oberkategorien an Therapiezielen: *Symptombewältigung, interpersonale Ziele, Ziele in Zusammenhang mit der Steigerung des Wohlbefindens, Ziele der Orientierung* und *Ziele der Selbstentwicklung*. Die Kategorie *Symptombewältigung* enthält 27 Items, beispielsweise „Ich möchte lernen, Angst- und Panikanfälle in den Griff zu bekommen" oder „Ich möchte ohne Suchtmittel leben lernen". *Interpersonale Ziele* umfassen 16 Items, zum Beispiel „Ich möchte die Beziehung mit meinem Partner/Partnerin verbessern" oder „Ich möchte mich anderen gegenüber besser durchsetzen und abgrenzen lernen". Die Kategorie *Steigerung des Wohlbefindens* umfasst 6 Items in der Art von „mehr Optimismus und Lebensfreude entwickeln", die Kategorie *Orientierungsziele* beinhaltet 4 Items wie z. B. „Ich möchte mir klarer werden, wer ich bin, was ich kann und was ich will" und schließlich beinhaltet die Kategorie *Selbstentwicklung* 11 Items wie z. B. „Ich möchte mich selbst so akzeptieren, wie ich bin". Der komplette Fragebogen befindet sich im Anhang und in den Online-Materialien (mit freundlicher Genehmigung des Autors, s. Arbeitsblatt 4). Der Patient wird dann gebeten, seine 5 wichtigsten Ziele aus der Checkliste am Ende des Fragebogens einzeln aufzulisten, sodass der Fragebogen auch schon die wichtige Aufgabe der Priorisierung von Therapiezielen mitübernimmt.

Das *Berner Inventar für Therapieziele* kann laut dem Autor besonders gut ganz zu Beginn der Psychotherapie zum Einsatz kommen, um die noch „naiven" Therapieziele der Patienten, die vor Beginn der eigentlichen Behandlung vorliegen, zu erfassen. Wenn es das Setting erlaubt, kann der Fragebogen schon vor dem ersten Gespräch zugesandt und ausgefüllt werden, wenn der Psychotherapeut keine negativen Auswirkungen durch diese Art der Vorsortierung der möglichen Psychotherapieinhalte befürchtet. Der *BIT* erfüllt in diesem Sinne eine Screeningfunktion, da der Psychotherapeut sich rasch einen Überblick über die vorliegenden Ziele und die jeweiligen Oberkategorien verschaffen kann. Idealerweise soll der Einsatz des Fragebogens eine individuelle Therapiezielfestlegung nicht ersetzen, sondern nur auf diese vorbereiten. In Settings, in denen Behandlungszeit sehr eng bemessen ist, kann der *BIT* aber auch den Hauptanteil der Zielfindung bedeuten und ist bei Weitem die bessere, umfassendere und validere Lösung, als das Thema Therapieziele aufgrund von Zeitmangel gar nicht zu beachten. Im stationären Kontext kann der *BIT* auch eingesetzt werden, um abhängig von den genannten Therapiezielen einen für den Patienten geeigneten Psychotherapeuten zuzuweisen. Der *BIT* kann dann auch mit einer Verlaufsmessung verknüpft werden: Es kann im Verlauf, ähnlich wie beim *GAS*, in einer Zwischenmessung erneut Bezug auf die im *BIT* gewählten Ziele genommen werden und z. B. auf einer Skala von 1–10 schnell und ohne Aufwand die aktuelle Zielerreichung gemessen werden. Auch, wenn sich Veränderungen in den Zielen ergeben haben, kann dies mit dem *BIT* schnell erkannt und anschließend darauf eingegangen werden.

Auch andere Fragebögen können genutzt werden, um die Therapieziele zu erheben. Viele Kliniken und ambulante Psychotherapeuten nutzen selbst entwickelte Fragebögen, in denen einfach die Frage nach Zielen des Patienten gestellt wird und je nach persönlicher Vorliebe mit unterschiedlichen Differenzierungsgraden.

8.5 Einsatz von Fragebogen

Arbeitsblatt 4: Berner Inventar für Therapieziele

Berner Inventar für Therapieziele
Zielcheckliste (BIT-CP; Patientenversion)

Ihre Ziele für die kommende Therapie

Das Setzen von Zielen ist eine wichtige Voraussetzung für eine wirkungsvolle Therapie. Wir bitten Sie deshalb, hier Ihre persönlichen Ziele für die kommende stationäre Behandlung anzugeben.

Als Hilfe finden Sie zunächst eine Liste von möglichen Zielen einer Psychotherapie, gegliedert nach fünf Bereichen. Links finden Sie hier Stichworte, die das Thema des Therapieziels bezeichnen, rechts die eigentlichen Ziele.

- Bitte gehen Sie zunächst diese Liste durch und kreuzen Sie alle Ziele an, die Sie mit Hilfe der kommenden Therapie erreichen wollen.
- Wenn Sie zusätzliche Ziele haben, die Sie hier nicht vorgefunden haben, können Sie diese am Ende der Liste in die Leerzeilen schreiben.
- Zum Schluss treffen Sie bitte eine Auswahl ihrer wichtigsten fünf Ziele.

Vielen Dank für Ihre Angaben

Bewältigung bestimmter Probleme und Symptome

Mit Hilfe der Psychotherapie möchte ich...

Depressives Erleben	❑1 negative, kreisende Gedanken oder Schuldgefühle überwinden.
	❑2 aus meiner gedrückten Stimmung, Traurigkeit oder inneren Leere herauskommen.
	❑3 mit Stimmungsschwankungen besser umgehen lernen.
	❑4 wieder mehr Antrieb und Energie bekommen.
Körperliche Selbstverletzung	❑5 lernen, mir keine körperlichen Verletzungen mehr zuzufügen (z.B. mich absichtlich schneiden oder brennen).
	❑6 Selbstmordgedanken überwinden und wieder Lebenswillen finden.
Ängste	❑7 eine konkrete Angst bewältigen oder besser mit ihr umgehen lernen.
	❑8 lernen, Angst- und Panikanfälle in den Griff zu bekommen.
	❑9 lernen, ohne Angst und unsicheres Verhalten (z.B. Erröten, Stottern) unter die Leute zu gehen.
	❑10 lernen, wieder Dinge zu tun, die ich jetzt aus Angst vermeide.
Zwanghafte Gedanken und Handlungen	❑11 ständig wiederkehrende, quälende Gedanken oder Impulse besser kontrollieren lernen.
	❑12 wiederholte, sinnlose und zeitraubende Handlungen (übertriebenes Händewaschen, Ordnen, Prüfen, Zählen etc.) einschränken lernen.
Traumatische Erlebnisse	❑13 traumatische Erlebnisse verarbeiten (z.B. schwerer Unfall, Gewaltverbrechen, Vergewaltigung, Naturkatastrophe u.a.).
Suchtverhalten (bezogen auf Alkohol illegale Drogen oder Medikamente)	❑14 den körperlichen Entzug von einem Suchtmittel durchführen.
	❑15 ohne Suchtmittel leben lernen.
	❑16 meinen Suchtmittelkonsum kontrollieren lernen.
	❑17 mit schwierigen Situationen anders umgehen lernen, statt zum Suchtmittel zu greifen.
Essverhalten	❑18 meine Essprobleme (Magersucht, Ess-Brechsucht, Esssucht etc.) bewältigen.

	❏19 mit meinem Gewicht umgehen lernen (es reduzieren oder so akzeptieren).
Schlaf	❏20 meine Schlafprobleme (Schwierigkeiten beim Ein- oder Durchschlafen, frühes Erwachen etc.) bewältigen.
Sexualität	❏21 sexuelle Probleme bewältigen.
Körperliche Schmerzen und Krankheiten	❏22 mit körperlichen Schmerzen umgehen lernen oder diese nach Möglichkeit verringern. ❏23 mit meiner körperlichen Krankheit umgehen lernen.
Schwierigkeiten in bestimmten Lebensbereichen	❏24 meine Wohnsituation klären (ein Problem bewältigen oder ein Ziel anstreben). ❏25 konkrete Probleme im Zusammenhang mit meiner Arbeit oder meiner Ausbildung bewältigen. ❏26 meinen Alltag besser organisieren lernen.
Stress	❏27 besser mit Stresssituationen umgehen lernen.

Ziele im zwischenmenschlichen Bereich

Mit Hilfe der Psychotherapie möchte ich...

Bestehende Partnerschaft	❏28 die Beziehung mit meinem Partner/meiner Partnerin verbessern. ❏29 das Sexualleben mit meinem Partner/meiner Partnerin verbessern. ❏30 meine Erwartungen und Gefühle bezügl. Partner/Partnerin klären.
Elternschaft und aktuelle Familie	❏31 mich mit meiner Vater- bzw. Mutterrolle auseinandersetzen. ❏32 die Beziehung zu meinem Kind/meinen Kindern verbessern. ❏33 versuchen, etwas an der ganzen familiären Situaltion zu verändern.
Herkunftsfamilie	❏34 die Beziehung zu meinen Eltern verändern (mich ablösen, Schuldgefühle oder Abhängigkeit überwinden etc.).
Andere Beziehungen	❏35 die Beziehung zu bestimmten Personen aus dem privaten oder beruflichen Umfeld klären oder verbessern. ❏36 die Trennung von meinem Ex-Partner/meiner Ex-Partnerin verarbeiten.
Alleinsein und Trauer	❏37 meine Zeit alleine verbringen lernen. ❏38 den Tod einer geliebten Person verarbeiten.
Selbstbehauptung un Abgrenzung	❏39 mich anderen gegenüber besser durchsetzen und abgrenzen lernen. ❏40 mit den Reaktionen anderer (Kritik, Ablehnung, Lob etc.) auf mein Verhalten besser umgehen lernen.
Kontakt und Nähe	❏41 lernen, besser mit Menschen Kontakt aufzunehmen und zu pflegen (z.B. lernen, wie ich Leute kennenlerne, Freundschaften aufbaue etc.). ❏42 Nähe zulassen und Vertrauen zu anderen Menschen aufbauen lernen. ❏43 mich auf eine neue Partnerschaft vorbereiten.

8.5 Einsatz von Fragebogen

Verbesserung des Wohlbefindens

Mit Hilfe der Psychotherapie möchte ich...

Bewegung und Aktivität	❏44 mehr Sport und andere körperlichen Aktivitäten betreiben. ❏45 meine Freizeit aktiver gestalten (Hobbies, kulturelle Aktivitäten etc.).
Entspannung und Gelassenheit	❏46 Techniken erlernen, die mir helfen, mich zu entspannen. ❏47 lernen, Probleme und Herausforderungen gelassener anzugehen.
Wohlbefinden	❏48 mehr Optimismus und Lebensfreude entwickeln. ❏49 lernen, mich in meinem Körper wohl zu fühlen.

Orientierung im Leben

Mit Hilfe der Psychotherapie möchte ich...

Vergangenheit, Gegenwart und Zukunft	❏50 mit Teilen meiner Vergangenheit besser zurechtkommen lernen. ❏51 mir klarer werden wer ich bin, was ich kann und was ich will. ❏52 neue Zukunftsperspektiven (private oder berufliche) erarbeiten.
Sinnfindung	❏53 Sinnfragen in meinem Leben klären.

Selbstbezogene Ziele

Mit Hilfe der Psychotherapie möchte ich...

Einstellung zu mir selbst	❏54 mehr Selbstvertrauen und Selbstsicherheit entwickeln. ❏55 mich akzeptieren lernen, so wie ich bin.
Bedürfnisse und Wünsche	❏56 meine Bedürfnisse wahrnehmen und ausdrücken lernen. ❏57 meine Grenzen besser erkennen und danach handeln lernen. ❏58 eigene Wünsche und Pläne besser verwirklichen lernen.
Verantwortung, Leistung und Kontrolle	❏59 lernen, Verantwortung für mich selbst zu übernehmen (eigenständig leben, Entscheidungen treffen usw.). ❏60 mehr Selbstdisziplin und Durchhaltevermögen entwickeln. ❏61 meine hohen Ansprüche an mich oder an andere herabsetzen lernen. ❏62 Verantwortung und Kontrolle abgeben lernen.
Umgang mit Gefühlen	❏63 Gefühle zulassen und äussern lernen. ❏64 mit starken negativen Gefühlen (z.B. Ärger, Wutausbrüchen) umgehen lernen.

Wenn Sie noch andere Ziele haben, die nicht in der Liste aufgeführt sind, können Sie diese hier aufschreiben.

_____

8 Alternative Strategien für die Arbeit mit Zielen

Nachdem Sie sich über verschiedene Ziele für die kommende Therapie Gedanken gemacht haben und wahrscheinlich mehrere Ziele angekreuzt haben, ist es nun sinnvoll, sich zuerst einmal auf die wichtigsten Ziele zu konzentrieren. Geben Sie hier bitte Ihre wichtigsten Ziele für die kommende Therapie an. Sie können bis zu fünf Ziele auswählen.

- Für einen besseren Überblick übertragen Sie zuerst die Nummern der ausgewählten Ziele in die dafür vorgesehenen Kästchen (pro Kästchen eine Nummer).
- Anschliessend formulieren Sie die ausgewählten Ziele bitte möglichst konkret in eigene Worte um, damit diese sich auf Ihre ganz persönliche Situation beziehen.

Beispiel:

Ziel Nr. *10* *Ich möchte lernen, wieder ohne Angst alleine aus dem Haus zu gehen und öffentliche Verkehrsmittel zu benutzen.*

Ziel Nr. _____ ....

Ziel Nr. _____ ....

Ziel Nr. _____ ....

Ziel Nr. _____ ....

Ziel Nr. _____ ....

8.6 Einsatz von Imaginationen und anderen kreativen Techniken

Imaginationsübungen können in verschiedenen Variationen eine hilfreiche Ergänzung sein für die Stärkung der Zielorientierung und auch für die Zielfindung. Imaginationen können z. B. zum Einsatz kommen bei Patienten, die Schwierigkeiten damit haben, überhaupt ein Ziel zu formulieren. In diesen Fällen können mit Imaginationsübungen Ideen für Ziele generiert werden. Imaginationen können auch dabei helfen, den Zielzustand wieder stärker zu spüren und damit Motivation für die weitere therapeutische Arbeit geben.

Zeitreisen in die Vergangenheit und in die Zukunft sind eine Möglichkeit, den Patienten anzuleiten, Zielzustände zu finden, wenn bisher Schwierigkeiten bestehen, sich auszumalen, was ein anzustrebendes Ziel sein könnte (Neher, 2024b). Eine Möglichkeit ist die Imagination eines Rückblicks aus dem Rentenalter zurück auf die heutige Zeit. Der Patient kann dann angeleitet werden, sich aus der Sicht seines künftigen reifen Ichs zu fragen: „Wozu könnte diese Zeit jetzt gerade gut gewesen sein? Was an der aktuellen Phase war wichtig für mich?" Auch Fragen wie „Was werden Sie in 10 Jahren über die jetzige Situation denken?" sind möglich. Diese Intervention ist sowohl eine mögliche Quelle an Zielzuständen, kann aber ebenso für eine Motivationsstärkung verwendet werden. Die drastischste Form der imaginierten Zeitreise ist die in der *Akzeptanz- und Commitment-Therapie* beliebte *Grabsteinübung* (Wengenroth, 2017). Hier wird der Patient angeleitet, sich verschiedene Varianten seiner Grabsteinaufsicht vorzustellen, je nachdem, worauf er den Fokus legt. Es wird erfragt, was er sich wünscht als Grabsteinaufsicht (was zu Zielen und den in der ACT-Therapie so wichtigen Werten hinführt) und auch, was darauf stehen könnte, wenn der Patient sein Leben so weiterführt wie bisher. Das sind dann beispielsweise Grabsteinaufschriften wie „Hier ruht Anna M. Sie war stets darum bemüht, gefährliche Situationen zu vermeiden." Oder „Hier ruht Sebastian Z. Sein Leben widmete er der Aufgabe, jedes Risiko gründlich zu durchdenken."

Eine Möglichkeit ist es, den Patienten anzuleiten, seine bisherige Lebenslinie zu imaginieren, mit der Fortführung in die Zukunft und den jetzt kommenden Zielen, zum Beispiel mit der folgenden Übung:

> „Finden Sie eine bequeme Sitzposition, so dass nichts stört oder drückt. Stellen Sie die Beine am besten nebeneinander auf den Boden, die Hände können auf den Oberschenkeln oder den Armlehnen ruhen. Wenn Sie so weit sind, schließen Sie gerne die Augen … Richten Sie Ihre Aufmerksamkeit einmal auf Ihren Atem, beobachten Sie, wie er ein- und wieder ausströmt. Sie dürfen einfach ein paar Atemzüge beobachten, wie der Atem ganz von selbst ein- und wieder ausströmt, ohne dass Sie irgendetwas daran verändern. Spüren Sie den Atem, wie er in Ihren Bauch strömt. Und denken Sie immer daran, dass der Atem ein wunderbarer Anker ist, zu dem Sie jederzeit zurückkehren können. Und wenn Sie mögen, können Sie sich jetzt vor Ihrem inneren Auge einen langen Weg vorstellen. Vielleicht ist es ein Waldweg, oder eine große Straße, oder es ist ein Trampelpfad durch eine Wiese. Da es ein sehr lan-

ger Weg für eine lange Reise ist, wird er sich wahrscheinlich immer wieder verändern, mal breit, mal schmal, mal schattig, mal sonnig, mal eben, mal steinig sein. Und Sie können sich jetzt vorstellen, dass dieser Weg Ihren Lebensweg symbolisiert. Und wenn Sie sich jetzt einmal aus der Vogelperspektive von Ihrem aktuellen Standort im Hier und Jetzt ganz an den Anfang dieses Wegs versetzen, dann können Sie, wenn Sie angekommen sind, sehen: Wo hat dieser Lebensweg begonnen? Wie hat dieser Lebensweg begonnen? War es einfach, leicht, schön, fröhlich? Was war schwer oder belastet? Wer war bei Ihnen? Und dann können Sie sich ab diesem Startpunkt einmal Etappe für Etappe nach vorne auf Ihrem Lebensweg bewegen, am besten wieder aus der Vogelperspektive. Wie sieht die erste Etappe aus, die frühe Kindheit bis zum Alter von 7 Jahren? Ist das eine große, gut ausgebaute Straße? Oder ein kleiner, verwinkelter Fußweg? Welche Landschaft ist da entlang des Wegs? Sind Sie diesen Weg gerne gegangen? Oder war es mühsam, schwer, einsam oder manchmal traurig? Dann schauen Sie weiter, zur nächsten Etappe des Weges, die Schulzeit. Wie sieht dieser Weg aus? Ist es die gleiche Art von Weg, oder ändert sich etwas? Wie ist es Ihnen beim Gehen dieses Weges ergangen? Und dann die nächste Etappe, die Jugend- und junge Erwachsenen-Zeit. Was war das für ein Weg? Gerade? Kurvig? Vielleicht sogar mit Sackgassen, aus denen, Sie wieder herausfinden mussten? Richten Sie Ihren Blick auf die nächste Etappe: Die Zeit zwischen 25 und 40. Wie sieht dieser Weg aus? Durch welche Landschaften führt er? Und wie war es für Sie, diesen Weg zu gehen? Und dann die bisher letzte Etappe: Ihr Weg im reiferen Erwachsenenalter bis zum heutigen Tag. Wie sieht dieser Weg aus? Breit? Schmal? Abwechslungsreich oder eintönig? Anstrengend oder fordernd, bereichernd oder erfüllend? Oder von allem etwas? Gibt es auch hier noch sehr unterschiedliche Weg-Etappen? Gibt es Stopp-Schilder, Sackgassen, lange Umleitungen? Und wenn Sie wieder am aktuellen Standort angekommen sind, schauen Sie von diesem Punkt einmal nach vorne, auf den Weg, der noch vor Ihnen liegt. Wie wünschen Sie sich die nächste Etappe? Welche Art Weg könnte es sein? Welche Landschaften könnten vor Ihnen liegen? Welches Ziel liegt am Ende der nächsten Etappe? Welche Hürden könnten auf dem Weg in Richtung Ihres Ziels liegen? Und wofür könnte es sich lohnen, sich diesen Hürden zu stellen? Und dann richten Sie einen letzten Blick auf ihren weiteren Weg, was Sie davon an dieser Stelle sehen können, und vielleicht spüren Sie neben schwierigen Empfindungen auch schon ein kleines bisschen Freude auf das, was da kommen könnte, wofür es sich lohnen könnte, den Weg weiterzugehen, vielleicht in einer ganz anderen Art als bisher, vielleicht auch nur mit kleinen Richtungsänderungen. Und dann können Sie sich in Ihrem Tempo langsam von Ihrem inneren Bild lösen, indem sie sich mehr und mehr ihrer Umwelt im Hier und Jetzt bewusst werden, die Sitzunterlage und die Armlehnen wahrnehmen. Sie können langsam ihre Gliedmaßen in Bewegung bringen, sich vielleicht etwas räkeln oder Arme und Beine etwas schütteln, was sich gut anfühlt. Und dann können Sie, wenn Sie so weit sind, die Augen wieder öffnen."

8.6 Einsatz von Imaginationen und anderen kreativen Techniken

Eine andere Variante mit dem Fokus mehr auf dem jetzigen Moment, die auch als zweiter Schritt nach der eben geschilderten Übung aufbauen kann, ist im Folgenden dargestellt (die Zentrierungseinleitung bis zur Atemfokussierung kann analog aus der ersten Übung übernommen werden oder nach Belieben abgewandelt werden):

> „Und wenn die äußere Welt mehr und mehr in den Hintergrund tritt und Sie sich mehr und mehr auf sich selbst fokussieren, können Sie sich Ihre Lebenslinie einmal als langen Weg vorstellen. Sie können sich vorstellen, wie Sie als Vogel über diesen Lebensweg hinweg fliegen und Sie können von weit oben grob erkennen, wo der Weg beginnt und auch, wo er enden wird. Und wenn Sie sich jetzt fragen, an welcher Stelle Sie sich diesem Lebensweg von oben nähern könnten, könnten Sie sich darüber bewusst werden, dass es nur eine einzige Stelle auf diesem Weg gibt, an der Sie Einfluss nehmen können, und das ist der aktuelle Moment, das Hier und Jetzt. Vielleicht mögen Sie sich vorstellen, dass Sie sich von weit oben aus der Vogelperspektive langsam dem Weg unten auf der Erde nähern, und zwar genau diesem Punkt, an dem Sie in diesem Moment gerade stehen. Und vielleicht nehmen Sie wahr, wie sich dieser aktuelle Punkt auf Ihrem Lebensweg anfühlt. Vielleicht sind da Hürden, Schwierigkeiten, Probleme, die es gerade sehr schwer machen. Vielleicht sind da negative Gefühle, negative Gedanken. Und all das ist in Ordnung und Sie können es, soweit es Ihnen möglich ist, einmal alles einfach nur beobachten. Versuchen Sie, die gesamte Situation im Hier und Jetzt an diesem Punkt des Weges in den Blick zu nehmen. Was ist auch positiv, was ist hilfreich? Und vielleicht können Sie sich in diesem Bild, mit dem achtsamen Blick auf Ihr Hier und Jetzt, darüber klar werden, dass Sie den gegenwärtigen Moment nutzen können. Hier können Sie die Weichen für den weiteren Weg so stellen, dass Ihr Leben mehr von dem beinhaltet, was Sie sich wünschen. Und wenn Sie mögen, können Sie sich die nächste Etappe auf Ihrem Lebensweg vorstellen und das Etappenziel, das Sie mit diesem Teil des Weges anstreben. Wie sieht dieses Etappenziel aus? Was könnten Sie in einem Jahr erreicht haben? Und können Sie sehen, wie die Weichen dann schon ein kleines Stückchen anders gestellt wären für den weiteren Lebensweg in der Zukunft? Und dann können Sie sich in Ihrem Tempo langsam von Ihrem inneren Bild lösen, indem sie sich mehr und mehr ihrer Umwelt im Hier und Jetzt bewusstwerden, die Sitzunterlage und die Armlehnen wahrnehmen. Sie können langsam ihre Gliedmaßen in Bewegung bringen, sich vielleicht etwas räkeln oder Arme und Beine etwas schütteln, was sich gut anfühlt. Und dann können Sie, wenn Sie so weit sind, die Augen wieder öffnen."

Eine weitere hilfreiche Imagination, die alternativ auch einfach in ein Gespräch eingewoben werden kann ohne explizite Imaginationsübung, ist die in der Psychotherapie weitverbreitete „gute Fee" (Neher, 2024b). Diese Intervention wird einfach mit der Frage umgesetzt: „Angenommen, es erschiene Ihnen eine gute Fee, die drei Ihrer Probleme lösen könnte: Welche wären das?". Eine alternative Frage, die schon mehr ins Detail geht und Patienten ermuntert, sich einen Zielzustand konkreter zu visualisieren: „Angenommen, eine gute Fee käme und könnte Ihr schwierigstes Problem lösen. Woran würden Sie das merken, was wäre dann anders in Ihrem Leben?"

Eine andere häufig eingesetzte Imagination oder Frage ist die Frage nach der einsamen Insel (Neher, 2024b): „Angenommen, Sie könnten auf eine einsame Insel fahren und einige Dinge zurücklassen – welche wären das?" Andersherum kann diese Frage auch Ressourcen eruieren: „Angenommen, Sie fahren auf eine einsame Insel: Welche Dinge würden Sie auf jeden Fall mitnehmen?" auch diese Frage kann dann erweitert werden in Richtung konkreter zu fassender Zielzustände: „Was wäre dann anders auf der einsamen Insel, wenn Sie xy zuhause gelassen haben? Was könnten Sie dann tun, was Sie bisher nicht können?"

Auch der Problemrucksack ist eine beliebte Imagination für die Visualisierung von Problemen bzw. Zielzuständen (Neher, 2024a; Reddemann, 2016). Diese Intervention kann entweder als strukturierte Imagination durchgeführt werden, in der eine Bergtour imaginiert wird. Relevant ist es, das Gewicht und die Last auf den Schultern des Rucksacks gut zu imaginieren um dann, Stück für Stück, ein Problem nach dem anderen aus dem Rucksack zu nehmen und sich damit zu erleichtern. Bei jedem abgelegten Problem kann die Erleichterung auf den Schultern imaginativ fokussiert werden. Die jeweiligen Probleme können je nach Patientenkonstellation genauer oder weniger genau imaginiert werden (z. B. „Wie sieht das Päckchen aus, das Sie da ablegen? Welche Farbe hat es? Wie groß ist es? Welche Form hat es?"). Bei Reddemann (2016) findet sich eine detaillierte Übung dazu. Die Imagination kann auch nur bis zum ersten Problem durchgeführt werden, um zu erfahren, welches Problem der Patient als erstes aus dem Rucksack loswerden wollen würde und den dadurch folgenden Zielzustand, also das Erleben der Erleichterung, ohne dieses Problem weiterzulaufen, dann weiter zu konkretisieren.

Zu den kreativen Techniken gehören auch perspektivenerweiternde kreative Fragen, die der Psychotherapeut stellen kann. Folgende Beispiele können als Anregung dienen (nach Jongsma & Peterson, 1995; Rüttinger & Kruppa, 2001, zitiert nach Neher, 2024b).

- Wenn Sie mit der Therapie fertig sind, was wird anders sein?
- Was würde sich verändern müssen, damit Sie sagen können: „Eine meiner besten Ideen in meinem Leben war, dass ich eine Psychotherapie gemacht habe?"
- Was wären die ersten Anzeichen für eine Veränderung?
- Wie können Sie es schaffen, dass diese Veränderung weitergeht?
- Woran würden die anderen merken, dass ich mich geändert habe?
- Wie werde ich mich möglicherweise selbst überlisten, um den Vertrag nicht erfüllen zu können?

Alle beschriebenen Imaginationstechniken und andere kreative Techniken können neben dem Ziel, einen Zielzustand zu konkretisieren und emotional zu festigen außerdem dazu dienen, die Veränderungsmotivation der Patientin zu erweitern oder zu stärken.

8.7 Arbeit an Zielen mit Zeitlinien

Die Arbeit mit Zeitlinien beinhaltet das bildliche Nachstellen von Zeitlinien im Therapieraum (James & Woodsmall, 1998, zitiert nach Neher, 2024a). Für diese Intervention stellt man sich im Raum eine Zeitlinie vor, eine Richtung zeigt die Vergangenheit, eine die Zukunft. Auf dieser imaginierten oder auch real angelegten Linie (z. B. mit einem Seil, einem Maßband oder ähnlichem) lassen sich verschiedenartige Interventionen umsetzen, je nach Problemkonstellation und Bereitschaft der Patientin. Beispielsweise kann mit der Patientin der Punkt festgelegt werden in der Zukunft, an dem sie „gesund" ist. Dieser Punkt kann dann eingenommen werden und aus dieser Rückschau auf die Gegenwart geschaut werden. So lassen sich Lösungswege finden, die vielleicht im Sitzen nicht „sichtbar" gewesen wären. Eine Möglichkeit ist es weiterhin, den festgelegten Weg vom Jetzt in eine Zukunft, in der es der Patientin besser geht, zu gehen und dabei die Veränderungen wahrnehmen, die emotional geschehen. Am Ziel angekommen, kann der Zielzustand weiter gestärkt und konkretisiert werden. „Wie ist es, hier am Ziel angekommen zu sein? Wo im Körper spüren Sie das? Was ist anders? Was können Sie hier tun?" Eine weitere Intervention ist es, den Weg abzuschreiten und nach Erfahrungen Ausschau zu halten, die bei der Erreichung des Ziels helfen können im Sinne einer Ressourcenstärkung. Die Patientin kann bei allen Ressourcen dazu angeleitet werden, diese imaginativ mit in ihren Rucksack zu packen und diese mitzunehmen in die Gegenwart, damit sie ihr bei dem Weg hin zum Ziel helfen können. Zeitlinien ermöglichen auch, sozusagen Erfahrungen mit dem Ziel-Zustand zu sammeln, indem man die Position des Ziel-Zustands einnimmt und die Patientin anleitet, genau zu spüren, wie sich dieser Ziel-Zustand anfühlt, was anders ist als in der Jetzt-Situation. Auch das Einnehmen einer Meta-Position ist mit einer Zeitlinie im Therapieraum viel einfacher als auf einem Stuhl sitzend. Die gesamte Zeitlinie kann in den Blick genommen werden und die Patientin kann instruiert werden, sich zu fragen: „Was habe ich schon alles an Schwierigkeiten gemeistert auf meinem Lebensweg? Was kann mir für die nächste Phase helfen? Welche Kompetenzen habe ich schon, welche könnte ich erwerben? Wer könnte mir dabei helfen?"

8.8 Den Psychotherapieverlauf als Geschichte formulieren

Für Patientinnen, die einen Bezug zu Geschichten und Büchern haben, kann es hilfreich sein, sich den kommenden Psychotherapieverlauf als Geschichte zu repräsentieren. Dies ist besonders dann naheliegend, wenn eine Patientin schon eigenständig mit der Assoziation zu einem Roman oder einer Geschichte kommt. Analog zu den Bildern für einen

Zielzustand, die mit Hilfe von Imaginationen entwickelt und dann verankert werden können (s. oben), kann auch eine Geschichte den roten Faden einer Psychotherapie darstellen, auf den immer wieder Bezug genommen werden kann. Auch denkbar ist es, dass die Problematik einer Patientin bei der Psychotherapeutin Assoziationen zu einer bestimmten Geschichte, einem Roman oder einem Film weckt und diese dann als Vorschlag in die Psychotherapie eingebracht werden kann. Der Kreativität sind hier keine Grenzen gesetzt. Der Vorteil in Bezug auf diese kreativen Herangehensweisen unter Heranziehung von Romanfiguren, Film-Helden oder auch Bildern ist, dass diese so generierten Zielzustände auch inhaltlich im Lauf der Psychotherapie als Ressource genutzt und gestärkt werden können. Eine Patientin kam von Beginn der Psychotherapie an mit dem Wunsch, dass sie wie Siddartha in Hermann Hesses Roman auf der Suche nach „ihrem Fluss" sei, an dem sie am Ende ihres Lebens sitze und zufrieden auf ihr Leben zurückblicken könne. Die Assoziationen zu dieser Zielvorstellung und der in dem Buch geschilderten Lebensreise stellten in dieser Behandlung den roten Faden dar. „Der Fluss" wurde zu einem geflügelten Wort zwischen Therapeutin und Patientin. In einer anderen Psychotherapie ergab sich die Zielvorstellung einer Lebensgestaltung wie die Protagonistinnen in einer Fernsehserie. Anhand dieser Analogie war es möglich, konkrete Vorstellungen der Patientin abzuleiten („Wie leben diese Protagonistinnen? Was ist ihnen wichtig? Welche Prioritäten setzen sie?") und auch diese Geschichte zog sich als roter Faden durch die Behandlung. Solche Geschichten oder fiktive Personen können Ankerpunkte sein, die es den Patientinnen ermöglichen, durch ein Stichwort sich wieder emotional mit dem anfangs besprochenen Zielzustand zu verbinden und sogar zu einer dauerhaft zu nutzenden Ressource werden („Wie würde meine Film-Heldin jetzt reagieren?"). Man kann auch bestimmte Geschichten, die einen sehr therapeutischen Fokus haben, gezielt einsetzen und der Patientin als mögliche Geschichte anbieten. Hierzu eignen sich zum Beispiel besonders die Geschichten von Jorge Bucay (z. B. 2008, 2009). Für einen Patienten war die Geschichte von Heinrich Böll „Anekdote zur Senkung der Arbeitsmoral" die Richtschnur, an der er seine Verhaltensänderung im Laufe der Therapie messen wollte. „Der Fischer" war in dieser Therapie das geflügelte Wort, um sich mit dem Zielzustand der Gelassenheit, Ruhe und Lebensfreude zu verbinden, die der Patient mit dieser Geschichte verband. Ja nach Setting kann eine derartige Rahmengeschichte die komplette Zielfokussierung beinhalten oder auch zusätzlich zu einer strukturierteren Zielerhebung sein. Wenn ein kongruentes Fallkonzept zugrunde liegt, fügen sich solche kreativen Methoden üblicherweise wie von selbst in die Behandlungsplanung ein.

8.9 Arbeit mit Metaphern in der Zielfindung

Eine Variante des Einsatzes von Geschichten ist der Einsatz von Metaphern für die Zielfestlegung. Hier bietet unter anderem die *Akzeptanz- und Commitment-Therapie* einen großen Fundus an Anregungen. Als ein Beispiel sei die Schaufel-Metapher genannt: Mit der Patientin wird besprochen, dass sie sich zu Beginn der Psychotherapie in einer

8.9 Arbeit mit Metaphern in der Zielfindung

Situation befindet, wie jemand, der in einem tiefen Loch sitzt und nicht herauskommt. Dysfunktionale Lösungswege, die schon versucht wurden und das Problem üblicherweise schlimmer statt besser machen, werden als Schaufeln bezeichnet. Die Person, die in dem tiefen Loch bzw. der Grube sitzt, versucht, eine Schaufel nach der anderen zu benutzen, um ihre Situation zu verbessern, aber was passiert, wenn man in einer Grube sitzt und gräbt? Die Grube wird größer und tiefer, das Problem wird nicht gelöst, sondern immer weiter verschärft. Patientinnen zeigen uns ein differenziertes Repertoire an Schaufeln (Substanzkonsum, Vermeidung, Aggression, Über-Anpassung, Selbstverletzung, Suizidversuche, in schwierigen Situationen verharren, neue Symptome entwickeln, psychosomatische Symptome zeigen etc. ...). Mit Patientinnen kann also erarbeitet werden, was es in der Situation in der Grube statt einer Schaufel bräuchte. Der erste Schritt ist meistens, mit dem Graben aufzuhören und innezuhalten. Im nächsten Schritt müsste man dann überlegen, welches Werkzeug besser geeignet sein könnte. Häufige Varianten sind dann Leitern oder Seile und vor allem auch die Unterstützung anderer Menschen. Hier kann die Zielfestlegung konkreter werden: Hat die Patientin schon eine Idee, was ihre Leiter oder ihr Seil sein könnte? Wenn ja, können sich von hier aus Ideen für ein Therapieziel entwickeln. Oder ist es das Ziel, überhaupt herauszufinden, welche Lösungsmöglichkeiten es geben kann? Dann wäre dies zunächst das Therapieziel. Solche eingeführten Metaphern und Bilder können ebenso wie die Geschichten oder das Themen-Flipchart einen roten Faden in der Behandlung bilden, indem immer wieder Bezug darauf genommen wird. Analog zu den Geschichten haben auch Metaphern das Potenzial, sich gut im Gedächtnis zu verankern und schnell, ohne lange Zeit dafür zu investieren, die aktuelle Ziel-Erreichung aktualisieren. Fragen zu der beschriebenen Metapher könnten lauten: „Wie sehen Sie aktuell Ihre Situation in der Grube? Sitzen Sie noch drin? Konnten Sie die Leiter schon ein Stück hochklettern? Wie weit? Was sind aktuell Hürden, um weiterzukommen?" Auch hier gilt: Das individuelle Potenzial, mit Metaphern gut arbeiten zu können, ist je nach Patientin sehr unterschiedlich ausgeprägt und es lohnt sich, auszuprobieren, inwieweit eine Patientin gut in Bildern sprechen und damit arbeiten kann. Auch Psychotherapeutinnen haben eine unterschiedlich große individuelle Kapazität, mit Metaphern zu arbeiten. Idealerweise findet die Psychotherapeutin die Schnittmenge zwischen Interventionen, die ihr gut liegen und denjenigen, mit denen die jeweilige Patientin gut arbeiten kann. Wie in der Erläuterung der verschiedenen Strategien zum zielorientierten Arbeiten hoffentlich schon deutlich geworden ist, kann hier ein breites Spektrum an psychotherapeutischen Herangehensweisen zum Einsatz kommen, sodass es für jeden psychotherapeutischen Stil Möglichkeiten geben dürfte.

Sehr hilfreich ist es, wenn sich Metaphern aus der Lebenswelt der Patientin ergeben, zum Beispiel bei einer ambitionierten Hobbygärtnerin das Thema Garten: „Wenn Sie sich Ihre aktuelle Lebenssituation wie einen Garten vorstellen, wie würde dieser Garten gerade aussehen? Und wie wünschen Sie sich Ihren Garten? Wohin soll er sich entwickeln? Was fehlt noch dazu? Welche Kompetenzen bräuchten Sie? Welche Unterstützung? Welche Werkzeuge? Was könnte Ihnen in die Quere kommen? ..." Auch hier sind Zwischenmessungen durch einfache Fragen nach dem „Garten" gut möglich. Eine Architektin könnte ein Haus als Metapher für den Therapiefortschritt und Therapieziele nehmen, eine Projektmanagerin ein zu planendes Projekt.

8.10 Mikroziele für jede Stunde festlegen

Diese Strategie lässt sich mit jeder Art von zielorientiertem Arbeiten, das bisher beschrieben wurde, kombinieren. Es geht darum, jede einzelne Therapiestunde zielorientiert zu gestalten, indem zu Beginn der Stunde ein Ziel für die heutige Sitzung gemeinsam mit der Patientin festgelegt wird. Wie detailliert das Ziel festgelegt wird, ist kontextabhängig und völlig variabel. Eine günstige Eingangsfrage in einer zielfokussierten Psychotherapie ist zum Beispiel „Was bringen Sie heute mit?". Dies führt zum Anliegen der Patientin. Entweder es ist damit das Ziel der Stunde schon geklärt, weil die Makrostruktur schon durch den Behandlungsplan klar ist – so kann es sein, dass eine *CBASP*-Patientin eine schwierige interaktionelle Situation mitbringt und damit entschieden ist, dass eine Situationsanalyse zu dem Thema durchgeführt wird. In einer *EMDR*-Therapie ist die Methode ebenfalls gesetzt, mit der ein mitgebrachtes Thema bearbeitet wird. In weniger stark strukturierten Behandlungsplänen ist der nächste Schritt nach dem Festlegen des Anliegens die Zielfestlegung. Wenn das *AZA-Schema* von Lohmann (2004) verwendet wird, wird dann im nächsten Schritt noch der therapeutische Auftrag formuliert. Ein Beispiel: Eine Patientin kann mit dem Anliegen „Besuch meiner Mutter am Wochenende" in die Stunde kommen. Ein gemeinsam festgelegtes Ziel könnte sein „Ich möchte lernen, wie ich in dem Treffen mit meiner Mutter meine eigenen Bedürfnisse weiter wahrnehmen und mich auch um mein Wohlergehen kümmern kann". Der Auftrag für die Therapiestunde kann nun alles beinhalten, was die Psychotherapeutin an Werkzeug „zu bieten" hat: Ob Rollenspiel, Imagination, Hypnose, Psychoedukation zu Kommunikationsstrategien, Situationsanalyse, EMDR-Zukunftstechnik, Trost und Zuspruch für das innere Kind, Stärkung von Ressourcen, Anfertigen eines Erinnerungskärtchens, Finden einer Selbst-Affirmation, die therapeutischen Möglichkeiten sind nahezu unbegrenzt. Je nach Transparenz des therapeutischen Vorgehens kann auf die Auftragsklärung verzichtet werden. Es kann auch reichen, das Ziel für die Stunde festzulegen und dann ohne Einbezug der Patientin eine therapeutische Strategie zu wählen und diese zu verfolgen. Wie man sich in dem gewählten Beispiel vorstellen kann, ist schon die Festlegung eines Ziels unter Umständen erneut Teil der therapeutischen Intervention, da schon das Aussprechen dieses Vorsatzes das Potenzial hat, die selbstfürsorgliche Seite der Patientin zu stärken. Diese Vorgehensweise birgt auch den Vorteil, die Patienten zu einer festen Struktur in der Stunde zu „erziehen" und damit auch Verantwortung für den therapeutischen Prozess zu übernehmen. Patientinnen, die diese Vorgehensweise kennen, gewöhnen sich normalerweise automatisch an, sich schon vor der Sitzung Gedanken zu machen, welches Anliegen sie in die Sitzung einbringen möchten, wodurch eine gute Selbst-Strukturierung in Gang kommt. Mit Hilfe dieser Vorgehensweise bemerkt die Psychotherapeutin auch sehr rasch, wenn z. B. keine klare Zielorientierung bei der Patientin mehr vorliegt. Dies kann z. B. dann der Fall sein, wenn es der Patientin besser geht und die Motivation zur Mitarbeit dadurch sinkt. Es ist hilfreich, das schnell zu bemerken und zum Thema zu machen, um dann zu überlegen, was hilfreich wäre. Eventuell wäre eine Erniedrigung der Behandlungsfrequenz sinnvoll oder der Wechsel zu einem weiteren Therapieziel.

8.11 Es ist nie zu spät – Zielbesprechung ist immer möglich und darf flexibel sein

Dies ist keine Strategie im engeren Sinn, mehr eine Erlaubnis, die Psychotherapeuten sich innerlich geben sollten: Auch wenn zu Beginn aus wahrscheinlich guten Gründen oder vielleicht auch mal aus Unaufmerksamkeit (denn Psychotherapeuten sind auch nur Menschen …) die Zielbesprechung nicht so ausgefallen ist, dass sie den roten Faden in der Psychotherapie darstellen kann und dies irgendwann auffällt: Es ist nie zu spät, das Thema Ziele auf die Tagesordnung zu schreiben. Alle beschriebenen Strategien und Interventionen können auch zu einem späteren Zeitpunkt als den ersten 5 Sitzungen durchgeführt werden. Besonders die beschriebenen kreativen Techniken (Metaphern, Geschichten, kreatives Gestalten) lassen sich zu jeder Zeit nutzen, aber auch ein *GAS* kann in Stunde 20 hilfreich sein, wenn erst dann der Zeitpunkt gekommen ist, dass zum Beispiel akute Krisen bewältigt sind oder dass die Aufnahmefähigkeit des Patienten wieder so weit hergestellt ist, dass eine Zukunftsperspektive überhaupt möglich wird. Es ist auch völlig legitim, zu Beginn mit einem vom Patienten festgelegten Ziel zu arbeiten und während der Arbeit mit diesem Ziel festzustellen, dass mit zunehmendem Fallverständnis andere Ziele auch wichtig oder vielleicht sogar wichtiger sind. Auch dass Ziele sich verändern, ist der Normalfall. Denken wir noch mal an das Segelbild aus Kap. 5: Die Zielerreichung darf und soll ein breiter Korridor sein, und daher ist es auch möglich, dass mit dem therapeutischen Prozess sich Zielvorstellungen ändern. Jede Therapiestunde, die sich dem Thema Ziele widmet, ist ein sich auf die Metaebene begeben, sozusagen ein Innehalten und auf der Landkarte überprüfen, wie der bisherige Weg aussah, wie weit man schon gekommen ist und welche Richtung sinnvoll wäre, auch ob bisher etwas übersehen wurde, das noch in die Planung mitaufgenommen werden sollte. Sich diese Zeit zu nehmen, kann anfangs ungewohnt und schwierig sein, wenn der Patient mit Anliegen in die Stunde kommt und wenn die Motivation für Veränderung da ist. Für manche Kolleginnen fühlen sich solche Zwischen-Evaluationsstunden an, als würden sie wertvolle Therapiezeit verschwenden. Ich betone erneut: Die Auseinandersetzung mit Zielen ist in der Psychotherapie nie Zeitverschwendung. Es kann sein, dass andere Themen so sehr brennen, dass die Zeit real dringender verwendet werden muss, um Katastrophen abzuwenden (wenn z. B. Arbeitslosigkeit oder Hausverlust droht, wenn akut in Beziehungen Gewalt geschieht etc.). Diese Situationen sind aber doch eher die Ausnahme als die Regel in der Psychotherapie. Häufiger ist es der Fall, dass die Psychotherapeutin sich vom Leidensdruck der Patientin mittragen lässt und ebenfalls den Druck verspürt, schnell etwas beitragen zu müssen. Hier hilft es, sich immer im Hinterkopf zu behalten, dass es bei einer Wanderung nicht hilfreich ist, 20 km in die falsche Richtung zu laufen. Wäre es nicht hilfreicher, frühzeitig (oder dann, wenn man eben bemerkt, dass der Weg vielleicht doch nicht ganz stimmt …) die Karte oder das Handy aus der Tasche zu nehmen und zu überprüfen, ob die Richtung noch stimmt? Wenn die Richtung nämlich stimmt, erfordert dieser Akt der Zielbesprechung auch nicht viel Zeit. Und wenn die Richtung nicht stimmt, ist jede Minute Therapie, die dafür verwendet wird, die Zielrichtung besser einzustellen, genau richtig eingesetzt.

Literatur

Böll, H. (2008). Anekdote zur Senkung der Arbeitsmoral. In R. C. Conrad (Hrsg.), *Heinrich Böll. Kölner Ausgabe* (Bd. 12, S. 1959–1963). Kiepenheuer & Witsch GmbH & Co. KG.
Bucay, J. (2008). *Komm, ich erzähl Dir eine Geschichte*. Fischer.
Bucay, J. (2009). *Geschichten zum Nachdenken*. Fischer.
Grosse Holtforth, M. (2001). Was möchten Patienten in ihrer Therapie erreichen? Die Erfassung von Therapiezielen mit dem Berner Inventar für Therapieziele (BIT). *Verhaltenstherapie und psychosoziale Praxis, 34*, 241–258.
Hesse, H. (1974). *Siddartha*. Suhrkamp.
James, T., & Woodsmall, W. (1998). *Time Line: NLP-Konzepte zur Grundstruktur der Persönlichkeit*. Junfermann.
Jongsma, A. E., & Peterson, L. M. (1995). *The complete psychotherapy treatment planner*. Wiley.
Kanfer, F. H., Reinecker, H., & Schmelzer, D. (2012). *Selbstmanagement-Therapie*. Springer.
Lohmann, B. (2004). *Effiziente Supervision. Praxisorientierter Leitfaden für Einzel- und Gruppensupervision*. Schneider.
Neher, M. (2024a). *Skript zum Seminar Selbstmanagementtherapie am Freiburger Ausbildungsinstitut für Verhaltenstherapie*. unveröffentlicht, mit Genehmigung des Autors.
Neher, M. (2024b). *Skript zum Seminar Lösungsorientierte Kurzzeittherapie am Freiburger Ausbildungsinstitut für Verhaltenstherapie*. unveröffentlicht, mit Genehmigung des Autors.
Reddemann, L. (2016). *Imagination als heilsame Kraft*. Klett-Cotta.
Rüttinger, R., & Kruppa, R. (2001). *Übungen zur Transaktionsanalyse*. Windmühle.
Wendisch, M. (1999). Therapieziele – Unterschiede im ambulanten und stationären Setting. In H. Ambühl & B. Strauß (Hrsg.), *Therapieziele*. Hogrefe.
Wengenroth, M. (2017). *Therapietools Akzeptanz- und Commitment-Therapie*. Beltz.

Der psychotherapeutische Stellenwert von Werten und der Zusammenhang mit Therapiezielen

9

▶ **ZIEL** *Wichtigkeit von Werten für einen psychotherapeutischen Prozess verstehen und den Unterschied zwischen Werten und Zielen erkennen*

Der Unterschied zwischen Werten und Zielen spielt für Therapieziele eine wichtige Rolle. Besonders die *Akzeptanz- und Commitmenttherapie* hat sich mit Werten und ihrem Zusammenhang zu Zielen detailliert, sowohl theoretisch als auch praktisch auseinandergesetzt und die Wichtigkeit der Werte für Psychotherapie im Allgemeinen in den Fokus gerückt. Auch wenn dies kein neues Thema ist, sondern beispielsweise schon Kanfer in den 90er-Jahren im Rahmen der Selbstmanagementtherapie (Kanfer et al., 2012) Werte von Zielen abgegrenzt hat, ist es doch der Verdienst der *Akzeptanz- und Commitmenttherapie*, das Thema in den letzten Jahren erneut in die psychotherapeutischen Debatten und Behandlungspläne integriert zu haben (Hayes et al., 2014).

Die schon in früheren Kapiteln aufgegriffene Segelmetapher kann den Unterschied zwischen Werten und Zielen gut in einem Bild erläutern: Wenn wir uns vorstellen, dass jeder Mensch sein Leben dadurch gestaltet, dass er sein persönliches Segelschiff über die Ozeane navigiert, wären Werte in diesem Bild die Fixsterne, nach denen der Segler seinen Kurs ausrichtet. Dieses Bild verdeutlicht sehr gut einen der wichtigsten Aspekte der Werte, nämlich, dass sie anders als Ziele nicht erreichbar sind. Persönliche Lebenswerte leiten unser Handeln, wir richten unseren Kurs nach ihnen aus und leben unsere Werte immer auch im aktuellen Moment. Es wird aber nie der Moment kommen, an dem ein Wert „abgehakt" werden könnte, er erledigt wäre wie ein Ziel. Dies wird deutlicher mit einem Beispiel: Der Wert „Ich möchte eine gleichberechtigte, unterstützende Partnerschaft leben" findet nie einen Endpunkt, sondern immer wieder neue Situationen, in denen dieser Wert mehr oder weniger stark gelebt wird. Dies ist gleichzeitig die Herausforderung wie auch die Stärke von Werten. Sie können wichtige menschliche Bedürfnisse nach Sicherheit,

Orientierung und Klarheit vermitteln, wenn es einem Menschen gelingt, sich seiner Werte bewusst zu werden und sein Leben mehr und mehr nach ihnen auszurichten. Werte, wie in diesem Bild definiert, haben noch eine andere Stärke: Es ist unmittelbar einleuchtend und Patienten leicht zu vermitteln, dass auf dem durch die Fixsterne festgelegten Kurs auch schwierige Passagen vor einem liegen können. Dies können unangenehme Gefühle, negative Gedanken oder herausfordernde Situationen sein. Jede Wertorientierung beinhaltet auch solche unangenehmen Nebenwirkungen (beispielsweise die Mühe, das Haus für Gäste vorzubereiten bei dem Wert „ein offenes, gastfreundliches Haus sein", oder das Aushalten der vielleicht als unangenehm erlebten Situation auf dem Zahnarztstuhl bei dem Wert „mich um meine Gesundheit kümmern"). Wenn einer Person ihre Werte nicht bewusst sind, wird es unter Umständen schwierig, sich für die unangenehmen Begleiterscheinungen des persönlichen Wertekurses zu entscheiden und es wird einfacher, diese Nebenwirkungen zu vermeiden. Das Verlassen des persönlichen Wertekurses aufgrund von Vermeidung unangenehmer Begleiterscheinungen ist eine wichtige Ursache für psychische Erkrankungen im *ACT*-Konzept.

Ziele sind demgegenüber erreichbar, sie sind die Häfen, die das Segelschiff ansteuert, die man sich vor Augen halten kann, wenn die Segelpassage schwierig und kräftezehrend ist. Man kann sich auf die Zielerreichung freuen, und ein Ziel kann „abgehakt" werden. Dies kann ein motivierendes und befreiendes Gefühl sein. Es gibt allerdings auch den gegenteiligen Effekt, nämlich die Leere und eine Phase der Niedergeschlagenheit nach der Zielerreichung, viele Menschen kennen dieses Phänomen zum Beispiel von bestandenen Prüfungen. Das „Loch" nach erreichtem Ziel kann verschiedene Gründe haben: Eine Möglichkeit ist, dass das Ziel nicht auf dem Kurs der persönlichen Werte lag, sondern z. B. von außen motiviert ist (z. B. die Eltern wollten, dass die Ausbildung absolviert wird, aber eigentlich interessiert mich der Bereich gar nicht) oder das Ziel nur ein Ersatz-Ziel, ein *vehicle goal* (Law, 2018) war, dessen Erreichung dann deutlich macht, dass das eigentliche Ziel nicht erreicht ist. Dies ist häufiger der Fall bei Konsum-Zielen, wenn z. B. das neue Auto endlich gekauft ist und die Freude darüber aber nur sehr kurz anhält. Dann könnte es sein, dass mit dem neuen Auto eigentlich eine andere Hoffnung verbunden war, z. B. das Ziel, mehr Lebensfreude zu spüren oder auch, mehr Anerkennung zu gewinnen. Ein weiterer Grund für die Leere nach einer anstrengenden Zielerreichung kann aber auch sein, dass die Fokussierung und Konzentration auf das Ziel so viel Kraft gekostet hat, dass im ersten Moment nach der Zielerreichung die reine Erschöpfung überwiegt, dass Anspannung und Stress im Körper noch wirken und dass der Kraftaufwand so hoch war, dass die Werte, die Fixsterne hinter dem erreichten Ziel, aktuell nicht mehr spürbar sind. Dies ist häufiger bei Prüfungen in Fächern zu beobachten, die der Person wirklich wichtig sind. In diesem Fall kann man davon ausgehen, dass die Freude über das erreichte Ziel zeitverzögert noch kommt, wenn die Anspannung und die akute Erschöpfung etwas nachgelassen haben. Es sei denn, die Serotoninspeicher sind so leer, dass die Person sich in eine depressive Symptomatik gearbeitet hat, dann liegt wiederum eine andere Problemkonstellation vor.

Literatur

Hayes, S., Strohsahl, K. D., & Wilson, K. G. (2014). *Akzeptanz- und Commitment-Therapie. Achtsamkeitsbasierte Veränderungen in Theorie und Praxis*. Junfermann.

Kanfer, F. H., Reinecker, H., & Schmelzer, D. (2012). *Selbstmanagement-Therapie*. Springer.

Law, D. (2018). Goal-oriented practice. In M. Cooper & D. Law (Hrsg.), *Working with goals in psychotherapy and counselling*. University Press.

Problematische Therapieverläufe durch Schwierigkeiten in der Zielfestlegung

10

▶ **ZIEL** *Aus problematischen Therapieverläufen lernen, wie Therapieziele manche Probleme im Verlauf gar nicht entstehen lassen*

Psychotherapeutische Prozesse können auf sehr verschiedene Arten ins Stocken geraten. Wenn man mit der Brille „Therapieziele" auf schwierige Therapieverläufe blickt, wird sehr oft deutlich, dass eine transparente, gut durchdachte Zielfindung manche Probleme vielleicht gar nicht hätte entstehen lassen oder doch zumindest der Psychotherapeutin selbst schnell Klarheit über die Art des Problems verschaffen würde. Dies wird meistens in der Supervision deutlich, weshalb es Sinn ergibt, dass eine der wichtigsten Fragen in der Supervision darin besteht, nach den Zielen der Patientin zu fragen. In diesem Kapitel sollen verschiedene Arten von Stolpersteinen in der Zielfindung mit den eventuell folgenden Schwierigkeiten teilweise mit Hilfe von Fallbeispielen dargestellt werden. Die Auflistung erhebt keinesfalls den Anspruch auf Vollständigkeit, sondern versteht sich als beispielhafte Auswahl von Problembereichen, um Anregungen für die eigene Praxis zu geben und eigene stockende Therapieverläufe stärker aus der Perspektive der Zielorientierung zu analysieren.

▶ Problem 1: Keine explizite Zielbesprechung bei einer „Wasch mich, aber mach mich nicht nass"-Haltung

Mit einer „Wasch mich, aber mach mich nicht nass"-Haltung meine ich Patienten, deren Vorstellungen von Psychotherapie (oft noch) nicht konkret genug sind, um sich darüber klar zu sein, dass Veränderungsprozesse anstrengend und kompliziert sind. Das ist kein Vorwurf an diese Patienten, sie tun genau das, was jeder normal funktionierende Mensch tun würde: Sie suchen zunächst mal einen Weg zur Lösung ihrer Probleme, der nicht weh tut. Dieses (unbewusste) Verhalten ist absolut nachvollziehbar, es ist eine kluge Strategie, die emotionalen Kosten möglichst gering zu halten. Es ist also die Aufgabe der Psychotherapeutin, solche Patienten wohlwollend an die Hand zu nehmen und ihnen nahe zu bringen, dass nass machen unvermeidlich ist, wenn gründlich gewaschen werden soll. Einfacher geschrieben als getan, gerade, wenn der Leidensdruck hoch ist und Patienten noch dazu fordernd auftreten. Das Schöne ist, dass die konkrete Besprechung von möglichen Therapiezielen dieses Nahebringen wunderbar erledigt, ohne dass es von der Therapeutin ein konfrontierendes oder direktives Vorgehen erfordert. Durch die konkrete Auseinandersetzung mit möglichen Therapiezielen und der dafür notwendigen Methoden erhält der Patient die Möglichkeit, sich ein klareres Bild von einem psychotherapeutischen Prozess zu machen. Problematisch wird diese Haltung der Patienten erst in Kombination mit unsicheren oder vielleicht auch einfach zu höflichen Psychotherapeuten, die die geringe Bereitschaft spüren, sich mit unangenehmen Themen im Detail auseinanderzusetzen und sich von einem dennoch bestehenden Leidensdruck und einer Forderung nach Unterstützung unter Druck setzen lassen. Dann kann es passieren, dass die Zielbesprechung nicht explizit genug erfolgt, sondern dass die beschriebene Vermeidungshaltung des Patienten sich auf den Psychotherapeuten überträgt und es der vermeintlich einfachere Weg ist, sich direkt in den Prozess zu begeben. Gerade, wenn der Leidensdruck im Sinne von Druck, den auch der Psychotherapeut verspürt, hoch ist, neigen Psychotherapeuten gerne zum „Gedankenlesen" und gehen davon aus, dass sie schon die richtige Richtung wissen. Mit zunehmender Erfahrung erkennt man bestimmte Problemkonstellationen wieder und es entsteht schnell ein Bild von einer möglichen Lösung bzw. einem möglichen Weg zur Besserung. Auch Diagnosen sind oft scheinbar automatisch mit bestimmten Zielen verknüpft und Therapeutinnen erinnern sich an Ziele früherer Patienten oder haben Ideen, wie eine Besserung in diesem Fall aussehen könnte. Gegen diese Falle bei der beschriebenen Art von Patienten gibt es drei verschiedene Möglichkeiten: Erstens kann man sich bewusst entscheiden, mit einer *Zielorientierung im Hintergrund* zu arbeiten, wenn der Patient tatsächlich zum aktuellen Zeitpunkt nicht in der Lage ist, explizite Ziele festzulegen. Bei einer wie in Kap. 3 umgesetzten Zielorientierung im Hintergrund wird der Psychotherapeut direkt bei beginnendem Stocken des Therapieprozesses daran denken, dass es notwendig sein könnte, die explizite Zielbesprechung nachzuholen (s. Kap. 8). Oder alternativ kann man zweitens die zögerliche Haltung des Patienten realisieren und diese thematisieren, was unter Umständen dazu führen kann, dass Patient und Psychotherapeut sich nur darüber einig werden können, sich zum aktuellen Zeitpunkt nicht einig zu werden. Dies würde bedeuten, dass erst gar kein psychotherapeutischer Prozess in Gang kommt, der dann ins Stocken gerät. Oder aber, das wäre Variante Nummer 3, der Psychotherapeut beschließt, dass bei diesem Patienten der Aufbau von Veränderungsmotivation das erste Ziel sein könnte und dieser Motivierungsprozess notwendig ist, um erst danach eine Zielfestlegung umsetzen zu können (s. auch die Überlegungen in Kap. 4 zu Suchtpatienten).

▶ Problem 2: Psychotherapeutin und Patientin arbeiten an verschiedenen Zielen oder „Das trojanische Pferd"

Dass Patientin und Psychotherapeutin im Grunde an verschiedenen Zielen arbeiten, kommt häufiger vor, als man denkt. Da Psychotherapie ein komplexer Prozess ist, der auf vielen Ebenen parallel stattfindet, ist es manchmal sogar gewollt bzw. wird in Kauf genommen, dass die Psychotherapeutin auf einer Ebene interveniert (z. B. der Beziehungsebene), während die Patientin primär mit einer anderen Ebene beschäftigt ist (meist die inhaltliche Sachebene). Das bedeutet, dass wir manchmal als Psychotherapeuten auch bewusst die Strategie „trojanisches Pferd" einsetzen. In problematischen, nicht-effektiven Therapieverläufen sieht man aber häufiger, dass dieses Thema auch auftritt, ohne dass sich die Psychotherapeutin darüber bewusst ist. Ein Fallbeispiel aus der Supervision: Frau A. ist eine 23-jährige Patientin, die wegen Lernschwierigkeiten psychotherapeutische Unterstützung sucht. Sie sei schon einmal durch wichtige Prüfungen in ihrem Studium gefallen und es komme nun darauf an, den 2. Versuch zu bestehen. Eine erste ambulante Psychotherapie habe sie wegen mangelnden Erfolgs nach 17 Sitzungen abgebrochen. (Man erkennt auch hier den Leidensdruck der Patientin, der sich rasch auf die Psychotherapeutin überträgt). Die Prüfungen rücken näher, der Auftrag scheint klar: Leider stellt sich der Erfolg in Bezug auf die Lernschwierigkeiten und Prokrastination auch bei diesem Therapieversuch nicht ein. Die Psychotherapeutin sieht stattdessen aber zunehmend eine problematische Beziehungsgestaltung bei der Patientin, im Verlauf berichtet die Patientin, dass sie während der wenigen Stunden Psychotherapie schon mit der zweiten wichtigen Bezugsperson wegen erlebter Kränkung den Kontakt abgebrochen habe. Auch innerhalb der Psychotherapiebeziehung zeigen sich Störungen, die Patientin scheint der Psychotherapeutin nicht wirklich zu vertrauen, wirkt misstrauisch, verschlossen. Jeder Versuch, dieses Thema anzusprechen, wird aber von der Patientin abgeblockt, immer mit dem Hinweis, dass dafür keine Zeit sei, sie brauche Hilfe bei ihren Lernschwierigkeiten, die Prüfungen rückten doch immer näher! Die Psychotherapeutin erkennt also im Verlauf der Behandlung, dass sie ein ganz anderes Ziel als vordringlich sieht, das wahrscheinlich sogar eine notwendige Voraussetzung ist, um beim Ziel der Patientin Fortschritte machen zu können. Die Psychotherapeutin berichtet in der Supervision, dass sie sich immer wieder in den Sitzungen dabei ertappt, der Patientin das Thema Beziehungsgestaltung „unterzuschieben". Hier zeigt sich, dass die beiden inzwischen im Grunde an verschiedenen Zielen arbeiten und es dringend notwendig und auch ethisch geboten ist, dies transparent mit der Patientin zu besprechen.

Ein weiteres Fallbeispiel kann illustrieren, wie es auch andersherum sein kann, dass also der Patient nicht offen über seine Ziele spricht: Eine Supervisandin, die als Psychotherapeutin in einer Suchtklinik arbeitete, kam in die Supervision mit dem Anliegen, dass sie bei einem Patienten mit einer Alkoholabhängigkeit nicht weiterkomme. Sie habe das Gefühl, dass er nicht richtig in der Beziehung sei, dass er nur halbherzig mitarbeite und vielleicht gar keine Veränderung wolle. Sie beschrieb, dass der Patient während des stationären Aufenthalts schon mehrfach „Ausrutscher" mit Alkoholkonsum gehabt habe. Diese habe sie jeweils mit ihm mit Hilfe einer Verhaltensanalyse bearbeitet. Er sehe die Nachteile des Konsums, eine wirkliche Motivation zu dauerhafter Änderung sehe sie aber nicht. Auf die Frage nach den Zielen des Patienten berichtete die Supervisandin, die Klinik nehme nur Patienten mit absolutem Abstinenzziel auf, daher werde mit den Patienten nach Aufnahme nicht mehr explizit über ihr individuelles Ziel in Bezug auf die Suchterkrankung gesprochen. Die Supervisandin verließ die Supervisionssitzung mit dem Vorsatz, mit dem Patienten in der nächsten Sitzung über seine individuellen Therapieziele zu sprechen. In der nächsten Supervision berichtete sie, dass ihr in den weiteren Gesprächen klar geworden sei, dass der Patient Ärzten und Therapeuten gegenüber zwar „brav" das Abstinenzziel bestätigt habe, innerlich aber das Ziel, kontrolliert zu trinken verfolge und sich darauf nach der Entlassung einstelle. In diesem Fallbeispiel ist ein strukturelles Problem die Ursache für das Problem, dass Psychotherapeutin und Patient an unterschiedlichen Zielen gearbeitet haben: Der Patient wusste, dass er sein wirkliches Ziel nicht offenbaren durfte, weil er sonst keine Behandlung in der Klinik erhalten hätte. Dieses Konstrukt verhindert, dass Patienten mit ihren Psychotherapeuten offen über ihre Zielvorstellungen sprechen können und blockiert damit sehr wahrscheinlich nicht nur diesen einen Therapieprozess, der in der Supervision besprochen wurde.

Ein Spezialfall dieses Problems, das sich immer wieder vor allem im stationären Kontext zeigt, sind Patienten mit einem Rentenwunsch. Wendisch (1999) beschreibt anschaulich, wie mit diesem Thema umgegangen werden kann: Auch in so einem Fall kann mit dem Patienten offen besprochen werden, welche Ziele neben dem Rentenwunsch für die Psychotherapie festgelegt werden können. Des Weiteren kann eine stationäre Behandlung dann auch dafür genutzt werden, Vor- und Nachteile des Eintritts in die Rente individuell zu besprechen und dem Patienten Raum zu geben, diese einschneidende Lebensveränderung wirklich offen und umfassend zu beleuchten. Häufig liegen in dieser Konstellation eine hohe Resignation und Erschöpfung vor und es ist für den Patienten meist hilfreich, zu prüfen, unter welchen Umständen eine Fortführung der Erwerbstätigkeit noch vorstellbar wäre. Auch wichtig ist es zu prüfen, welche psychischen Diagnosen eine Rolle spielen bei dem Wunsch, aus dem Arbeitsleben auszuscheiden. Eine sehr kleine Minderheit an Patienten verfolgt den Wunsch nach Berentung, ohne dass eine psychische Diagnose vorliegt aufgrund der Hoffnung auf materielle Vorteile oder ähnliches. Bei diesem Verdacht ist es sinnvoll, sich in der Supervision mit dem Fall auseinanderzusetzen und gute individuelle Lösungen zu finden. Keinesfalls sollte aber jeder Patient mit dem Wunsch nach einer Berentung direkt als „therapieunwillig" abgestempelt werden.

▶ Problem 3: Keine Einigung auf gemeinsame Therapieziele möglich

Manchmal zeigt sich bei der Besprechung von Therapiezielen zu Beginn (oder zu dem Zeitpunkt, zu dem eine Besprechung möglich ist), dass sich Psychotherapeutin und Patientin nicht auf dieselben Ziele verständigen können. Dazu ein Fallbeispiel: Herr

B. kam mit dem Anliegen in die ambulante Psychotherapie, dass er stark belastet sei durch Schwierigkeiten mit seinem Sohn. Dieser habe Schulprobleme, halte sich nicht an Absprachen mit den Eltern und habe mittlerweile auch psychische Probleme, verletze sich selbst, habe ein sehr niedriges Selbstwertgefühl und vermutlich jetzt auch eine Essstörung entwickelt. Herr B. berichtet glaubhaft und mit hohem Leidensdruck, wie schwer diese Situation für ihn auszuhalten sei, er könne nichts tun, um seinem Sohn zu helfen, sei zum Zuschauen verdammt. Er lasse ihn nicht mehr an sich heran. Er formulierte das Ziel, einen besseren Umgang mit der Belastung zu finden. In der weiteren Anamnese wurde relativ schnell ein deutlicher Paarkonflikt mit großer Unzufriedenheit in der Ehebeziehung beider Ehepartner sichtbar. Für die Psychotherapeutin lag es daher nahe, dem Patienten als weiteres Ziel vorzuschlagen, sich mit den Schwierigkeiten zwischen ihm und seiner Frau zu beschäftigen. Dies lehnte der Patient kategorisch ab. Er wisse, dass es da ein Problem gebe, aber in der aktuellen Situation bräuchten er und seine Frau alle Energie ganz für ihren Sohn und dafür, dass sie beide nicht unter der Belastung zusammenbrächen. Systemisch betrachtet springt sicher jeder psychotherapeutisch arbeitenden Person die Dynamik innerhalb der Familie ins Auge und es könnten leicht Hypothesen generiert werden, welche Funktionalität eventuell in der Symptomatik des Sohnes liegen könnte. In diesem Fall sieht man, wie wichtig und hilfreich es ist, frühzeitig die Ziele im Blick zu haben und mit dem Patienten zu besprechen. In dieser Konstellation hat die Psychotherapeutin nun die freie Entscheidungsmöglichkeit, zu überlegen, was sie dem Patienten in dieser Situation anbieten kann oder ob sie entscheidet, dass unter diesen Vorzeichen kein sinnvolles Therapieangebot machen kann. In diesem konkreten Fall entschied sich die Psychotherapeutin, die von ihr wahrgenommene problematische Dynamik transparent mit dem Patienten zu besprechen und ihm zu erläutern, dass sie ihren Einfluss auf Veränderung unter Ausklammern der Paarbeziehung als begrenzt ansieht. Die beiden einigten sich dann auf eine entlastende Begleitung in Bezug auf das primäre Ziel des Patienten unter wiederholter Aufklärung und Erinnerung daran, dass die Möglichkeiten einer Veränderung und grundlegenden Besserung begrenzt sind, solange die Paarbeziehung unverändert konflikthaft bleibt. Der Patient war mit diesem Vorgehen einverstanden.

▶ Problem 4: Sich nicht trauen, Zeit für Zielfestlegung zu brauchen

Gerade noch unerfahrene Psychotherapeuten tappen oft in die Falle, sich unter Druck setzen zu lassen und damit mehr oder weniger bewusst die Zielfestlegung zu überspringen oder nur sehr halbherzig umzusetzen. Nach dem Motto: „Jetzt habe ich schon so lange für Anamnese und die ganze formale Organisation gebraucht, ich muss doch jetzt endlich mal Psychotherapie machen!" (An dieser Stelle ist im Übrigen wichtig zu betonen, dass diese Haltung natürlich nicht sinnvoll ist, da jeder Schritt einer Psychotherapie seinen Stellenwert hat, ohne Anamnese und Klärung organisatorischer Aspekte kann keine sorgfältige Behandlungsplanung und damit auch keine gute Psychotherapie erfolgen). Die Folgen dieser Unsicherheit können vielfältig sein, was es, wie oben schon beschrieben, so schwierig macht, das Thema Ziele dauerhaft als Priorität zu sehen: Es kann nämlich sein, dass auf eine halbherzige oder nicht stattfindende Zielklärung eine erfolgreiche, effektive Psychotherapie folgt. Es kann aber ebenso gut sein, dass verschiedenartige Schwierigkeiten im Verlauf auftreten können, die darauf zurückzuführen sind, dass es Unklarheit in den Zielen gab. Sehr häufig zeigt sich dies in irgendeiner Form von „Widerstand" oder ambivalenter Therapiemotivation. Wenn Supervisandinnen mit solchen Anliegen in die Supervision kommen, ist die erste Aufgabe also, sich die Therapieziele von Patientin und Psychotherapeutin näher anzusehen. Ich wiederhole diese Tatsache immer wieder: Sollte man feststellen, dass der Therapieverlauf stockt oder dass ein Gefühl aufkommt von „Irgendwie läuft es nicht gut" oder „Oh nein, schon wieder dieser Patient" ist zu jedem Zeitpunkt die Möglichkeit, ein Gespräch über Therapieziele nachzuholen oder in irgendeiner Variante die Auseinandersetzung mit Zielen zu fokussieren (s. Kap. 8, im Besonderen den Abschnitt „Es ist nie zu spät").

▶ Problem 5: Psychotherapeutin hat nicht überprüft, ob sie bei festgelegtem Ziel die richtige Ansprechperson ist

Hierzu erneut ein Fallbeispiel aus meiner Supervision: Eine Supervisandin berichtet von einem Patienten, der aktuell in einer krisenhaften Lebenssituation ist: Er hat seinen Job verloren, wenige Monate später ist auch seine Frau arbeitslos geworden, während er nach wie vor auf der Suche nach einer Arbeit war. Die finanzielle Situation der Familie wurde sehr schwierig, die Hauskreditraten mussten bezahlt werden und mit jedem Monat stieg der Druck. Dieser übertrug sich auf die Psychotherapeutin, die in den Sitzungen mit den Sorgen des Patienten konfrontiert war. Sie bot ihm dafür einen Raum, validierte seine Ängste und Schwierigkeiten, ordnete depressive Gedanken als solche ein und vermittelte Hoffnung. Am Ende einer solchen Sitzung meldete der Patient zurück „Das ist alles, was Sie mir anzubieten haben?". Die Psychotherapeutin fühlte sich hilflos, war der Meinung, das Beste, was man für den Patienten tun könnte, sei offenbar, ihn bei der Arbeitssuche zu unterstützen (bei der er teils unrealistische Erwartungen bezüglich der Positionen hatte, um die er sich bewarb). Dieses Therapieziel, bei der Arbeitssuche zu unterstützen, war auch das Ziel des Patienten. Die Supervisions-Gruppe, die die Kollegin zu diesem Thema um Rat fragte, meldete ihm zurück: „Das ist doch ein Job fürs Arbeitsamt, nicht für die Psychotherapie!". Der Blick von außen ist oft unverstellt und klarer als der von innerhalb einer therapeutischen Beziehung, wie dieses Beispiel zeigt. Die Psychotherapeutin müsste also an dieser Stelle mit dem Patienten gemeinsam überlegen, was eine Psychotherapie realistischerweise an Unterstützung leisten kann und ob dieses Angebot weiterhin ein wichtiges Angebot für den Patienten ist. Dies wird bei dem Patienten sehr wahrscheinlich zunächst Frust auslösen, den die Psychotherapeutin aushalten müsste. Dieses Beispiel verdeutlicht auch: Eine klare Zielbesprechung ist immer auch eine Aufgabe, die unter Umständen Mut erfordert, sich mit Enttäuschung, Frust und schlimmstenfalls Abwertung („Das ist alles, was Sie können?") auseinanderzusetzen. Ich bin dennoch überzeugt davon, dass sich dieser Mut zur Klarheit lohnt, sowohl für Psychotherapeuten als auch für Patienten. Beide werden vor unproduktiven und im schlimmsten Fall scheiternden Psychotherapieprozessen geschützt.

Ein anderes Beispiel zu diesem Problem habe ich in einem Kapitel weiter vorne schon angeführt: Der Soldat, dessen Angststörung sich als PTBS herausstellte. Hier hat die Psychotherapeutin erkannt, dass sie mindestens nicht die beste Ansprechperson für das vorliegende Ziel ist und den Patienten an eine kompetentere Kollegin weiterverwiesen. Es erfordert also auch das Anerkennen eigener Grenzen, jedes Mal zu überprüfen, ob man einen bestimmten Auftrag für ein Ziel annehmen kann oder ob es noch eine bessere Lösung für das vorliegende Problem geben könnte.

Wie für alle anderen Probleme, die in diesem Kapitel beschrieben sind, gilt auch hier: Egal zu welchem Zeitpunkt das Problem festgestellt wird, es ist meistens nicht zu spät, Konsequenzen daraus zu ziehen, die festgestellte Problematik mit dem Patienten zu besprechen und Alternativen zu überlegen, um dem Patienten bei seiner Problematik zu helfen, und sei es auch die beste Hilfe, die Therapie zu beenden oder an eine andere Person weiter zu verweisen. Menschen, die psychotherapeutische Unterstützung suchen, haben immer ein Problem, bei dem sie Unterstützung benötigen, auch wenn es sein kann, dass die bestimmte Psychotherapeutin oder vielleicht auch das komplette Angebot einer Psychotherapie nicht die richtige Hilfe ist. Es ist immer noch möglich, zu überprüfen, was eine Psychotherapie vielleicht beitragen könnte und der Patient darf dann entscheiden, ob dieses Angebot für ihn eine Hilfe sein könnte oder ob er eher darauf verzichtet. In dem oben genannten Beispiel mit dem wegen Jobverlust unter Druck stehenden Patienten könnte ihm das Angebot gemacht werden, dass die Psychotherapie ein Raum für seine Sorgen und Ängste sein kann, die er in der Familie aktuell nicht teilen kann, dass er in diesem Raum auch Schwäche zeigen darf, Trost und Unterstützung bekommt und Rückmeldung darüber, welche Stellschrauben er in seinem eigenen Verhalten noch haben könnte, um seine Situation zu verbessern. Der Patient kann dann entscheiden, ob dieses Angebot für ihn unterstützend ist oder ob er findet, dass er diese Art der Unterstützung nicht braucht und wenn der Psychotherapeut ihn nicht aktiv beim Finden eines Jobs unterstützen kann, er eher keine Psychotherapie braucht. Wie schon an anderer Stelle erwähnt: Das Selbstbestimmungsrecht des Patienten zu respektieren ist eine der wichtigsten Leitlinien therapeutischer Arbeit.

▶ Problem 6: Springen zwischen verschiedenen Therapiezielen

Dieses Problem tritt häufiger bei eher emotional instabilen Patienten oder auch Patienten mit ADHS auf, kann aber auch bei allen anderen Patienten vorkommen, wenn eine Lebenssituation aktuell sehr fordernd ist und verschiedene Problembereiche gleichzeitig viel Aufmerksamkeit beanspruchen. Das Problem bei wenig Kontinuität in der Bearbeitung der Therapieziele kann sein, dass nie ein kontinuierlicher Veränderungsprozess bezüglich eines Themas in Gang kommt. Das heißt nicht, dass es nicht auch Therapieprozesse gibt, die eine große Bandbreite an Themen behandeln und häufig den Fokus zu wechseln scheinen und die trotzdem effektiv und erfolgreich sind. Wie man sich mit dem

Bild eines roten Fadens, der sich durch die Psychotherapie zieht, aber deutlich wird, ist es sowohl für den Patienten als auch für die Psychotherapeutin hilfreich, wenn eine gewisse Kontinuität bezüglich einer Ziel-Bearbeitung gegeben ist. Wenn eine Psychotherapie von der Psychotherapeutin als sehr anstrengend und kräftezehrend erlebt wird, kann das häufige Springen ein Grund dafür sein. Die Psychotherapeutin sollte sich dann fragen, wie die letzten Stunden verlaufen sind, ob ein roter Faden erkennbar ist, oder ob jede Stunde einen ganz anderen Fokus hat und wenig thematisch aufeinander aufbauen oder Bereiche miteinander zu tun haben. Sollte dies der Fall sein, kann die Psychotherapeutin auch dieses Thema mit dem Patienten besprechen. Meist ist es gut möglich, zumindest bei bestehender tragfähiger therapeutischer Beziehung, dass dem Patienten vermittelt wird, dass die Psychotherapie teilweise künstlich Themen aus seinem Leben voneinander trennen muss, da ansonsten alle Beteiligten mit der Komplexität eines Lebens überfordert sind und kein strukturiertes Arbeiten möglich ist. Patienten sind manchmal der Meinung, dass alle aktuellen Ereignisse z. B. der vergangenen Woche in der Psychotherapie thematisiert werden müssen. Hier ist es wichtig, die Patienten darüber aufzuklären, dass die Psychotherapie strukturierend in die zu besprechenden Themen eingreifen muss, um einen Überblick zu behalten und dass unmöglich alle Lebensthemen gleichzeitig bearbeitet werden können, besonders, wenn gerade viel los ist. Häufig wiederholt sich ansonsten in der Psychotherapie dasselbe wie das, was gerade außerhalb im Leben des Patienten los ist: Überforderung mit zu vielen Belastungen und sich verzetteln bei der Frage, wo man anfangen soll. Psychotherapeuten, die sich von dieser Überforderung in der fehlenden Struktur der Psychotherapie anstecken lassen, sind eher weniger hilfreich. Ein strukturiertes Abarbeiten der besprochenen Ziele kann dann eine neue Erfahrung für den Patienten sein, welche Effekte und Veränderungen möglich sind mit einem zielorientierten, fokussierten Arbeiten. Die Devise lautet: Schritt für Schritt, wie bei Beppo, dem Straßenkehrer, eine Anekdote, die an dieser Stelle hilfreich zur Psychoedukation eingesetzt werden könnte (Michael Ende in Momo, 1973). Wenn diese Bedingungen vorab besprochen sind und die Überforderung und die vielen Themen auch ausreichend Würdigung erfahren haben, ist es üblicherweise auch nicht schwer, einen doch wieder zwischen Themen springenden Patienten zu strukturieren, z. B. wie in folgendem Beispiel:

> „Frau D., wir sitzen jetzt 5 Minuten hier zusammen und Sie haben mir von den Schwierigkeiten mit Ihrem Chef, von den Problemen zuhause und von dem Streit mit Ihrer Mutter berichtet. Ich merke, wie belastend das alles für Sie ist. Erinnern Sie sich an unsere Vereinbarung über unser Vorgehen (auf Themen-/Ziele-Flipchart zeigen) innerhalb einer Struktur? Wir waren die letzten Stunden mit Ihrem Essverhalten beschäftigt und ich habe da letzte Stunde wichtige Schritte bei Ihnen gesehen. Wäre es in Ordnung, daran weiterzuarbeiten oder belastet Sie eines der anderen Themen so stark, dass die Arbeit daran vordringlich ist, was meinen Sie?"

Natürlich lässt sich das Leben nicht komplett in einen glatten Psychotherapieverlauf pressen, Krisen passieren, Unerwartetes wirft auch Therapiepläne immer wieder über den Haufen und das ist nicht die Ausnahme, sondern der Normalfall. Wichtig ist nur, als Psychotherapeutin die Metastruktur nicht aus den Augen zu verlieren. Damit wird nicht nur für die Psychotherapeutin selbst die Arbeit viel einfacher und klarer, sondern sie erfüllt auch eine zentrale Aufgabe: Sie schafft die Struktur und Sicherheit, die gerade Patienten, die viel Unruhe und Überforderung in ihrem Leben haben, dringend brauchen, um sich auf Veränderungsprozesse und emotionale Themen überhaupt einzulassen. Dies führt uns direkt zum nächsten Problem: Was, wenn das Therapieziel im Prozess komplett aus den Augen verloren wird?

▶ Problem 7: Im Prozess das Therapieziel aus den Augen verlieren

Psychotherapien entwickeln im Prozess eine Eigendynamik, was durchaus erwünscht ist. Die Veränderungsmotivation des Patienten mischt sich mit dem therapeutischen Behandlungsplan, äußere Ereignisse sind nicht planbar und verändern den Prozess erneut. Wie genau Patienten auf therapeutische Interventionen reagieren, ist nicht a priori planbar, sondern ist jedes Mal wieder auch ein bisschen Wundertüte. Eingeprägt hat sich mir zum Beispiel ein Patient, der als Feuerwehrmann arbeitete, sehr rational, strukturiert und bodenständig war, der dann deutlich mehr als andere Patienten von Imaginationsübungen in Fantasiewelten profitierte, die er eigenständig weiterentwickelte und ausbaute, daraus Kraft und Ruhe schöpfen konnte. Gerade dann, wenn sich „etwas tut", wenn ein Prozess in Gang kommt, Bewegung ins Leben des Patienten kommt, kann es eine Falle sein (muss es nicht!), komplett dem Prozess zu folgen und vereinbarte Ziele damit zu vergessen. Dies soll bitte nicht missverstanden werden: Prinzipiell wollen wir Veränderung und einem Prozess zu folgen ist meistens richtig und wichtig. Es kann allerdings auch zu Problemen führen, wie folgendes Fallbeispiel zeigt. Eine Supervisandin berichtete von einer jungen Patientin, die bisher sehr gute Fortschritte in der Psychotherapie mache. Sie habe eine schwierige Beziehung zu ihrer Herkunftsfamilie, die Mutter zeigte emotional missbräuchliches Verhalten und könne nicht akzeptieren, dass die junge Frau mittlerweile ihr eigenes Leben leben wolle. Sie studierte und war mittlerweile von zuhause ausgezogen. In der Psychotherapie war das Thema Abgrenzung vom Elternhaus im Fokus, und die Patientin konnte mehr und mehr erkennen, wie schwer es ihr bisher gefallen war, eigene Bedürfnisse zu erkennen und umzusetzen und konnte auch schon Verhaltensänderungen umsetzen wie z. B. sich deutlicher gegenüber der Mutter äußern, eigene Grenzen klarzumachen etc. In der Psychotherapie wurden mehrere Auseinandersetzungen mit der Mutter vor- und nachbesprochen und mit erlebensbasierten Techniken die Position der Patientin gestärkt. In Stunde 19 kam die Patientin aber hochunzufrieden und unter Anspannung in die Sitzung, war verzweifelt und vorwurfsvoll, da sie kurz vor ihren Prüfungen stand und sich mit der Vorbereitung überfordert fühlte. Der Psychotherapeutin brach in dieser Situation der Schweiß aus: Sie hatte das ursprüngliche Anliegen der Patientin, nämlich Prüfungsangst und das Ziel, diese zu bearbeiten, bis die nächsten Prüfungen im Studium anstanden, komplett aus den Augen verloren. Manchmal ist ein psychotherapeutischer Prozess wie ein Fluss, in den man sich begibt und einfach mitgetragen wird. Wenn dieser Fluss in die erwünschte Richtung führt, darf man das Fortschreiten des Prozesses genießen und unterstützen. Es braucht nicht mehr, als Hin und wieder abzugleichen, ob die Richtung nach wie vor die richtige ist. Im Fallbeispiel ergab sich das Thema der Herkunftsfamilie aus der Anamnese und mit der Thematisierung in den probatorischen Sitzungen begann auch schon die Dynamik eines Veränderungsprozesses. Diesen nahm die Psychotherapeutin erfreut an und begab sich mit auf die Reise im reißenden Strom. Für jede psychotherapeutisch arbeitende Person ist es nachvollziehbar, dass es passieren kann, dass die Struktur von einem sehr dynamischen Prozess mitgerissen wird. Wichtig ist daher, frühzeitig darauf zu achten, wie man sich davor schützen kann. Ein zentraler Punkt ist es, die Therapieziele nicht aus dem Blick zu verlieren. In solchen sehr dynamischen Prozessen kann es ausreichen, dass die Psychotherapeutin nur für sich selbst in der Vor- oder Nachbereitung überprüft, ob die Zielorientierung noch passt, oder dies vielleicht zu Beginn einer Stunde kurz mit der Patientin abgleicht. So lässt sich frühzeitig erkennen, ob vielleicht Themen im Eifer des Gefechts untergegangen sind, die doch priorisiert werden sollten. Es gilt die in Kap. 4 beschriebene Regel: Je mehr Emotion, desto mehr Struktur. Für Patienten gibt es sehr viel Sicherheit und damit einhergehend die Bereitschaft, sich auf belastende Themen und schwierige Herausforderungen einzulassen, wenn sie sehen, dass die Psychotherapeutin die Struktur gut im Griff hat. Therapieziele sind ein wunderbares Mittel, um die Struktur effizient und ohne großen zusätzlichen Aufwand im Blick zu behalten.

▶ Problem 8: Verantwortung für Therapieziele liegt nur bei der Psychotherapeutin

Dieses Thema kann häufig auch gemeinsam mit Problem Nummer 1 auftreten, da es beide vor allem Patienten betrifft, die Schwierigkeiten haben, Verantwortung für den Prozess zu übernehmen. Psychotherapeutinnen bemerken diese Tendenz, die Verantwortung zu übertragen, häufig an Aussagen wie „Haben Sie nicht einen Rat für mich?" „Sie sind doch die Fachfrau!" oder „Ich hatte gehofft, Sie würden mir da weiterhelfen." Solche Tendenzen können sehr unsichere oder passive Patienten zeigen oder auch Patienten, die stark die Vorstellung eines medizinischen Behandlungsmodells verinnerlicht haben, mit einer Behandlerin, die weiß, was zu tun ist, und einem passiven Patienten, wie es der lateinische Wortstamm des Wortes Patient ja auch nahelegt (patiens = erduldend, ertragend). Für solche Patienten ist es durchaus eine Herausforderung, sich auf eine psychotherapeutische Arbeitsbeziehung einzulassen, in der die Psychotherapeutin sich auf Augenhöhe mit dem Patienten versteht, der Experte seiner Problematik ist. Die Etablierung einer solchen Arbeitsbeziehung lässt sich ausgezeichnet über die explizite Festlegung gemeinsamer Therapieziele fördern und es zeigt sich an dieser Stelle, inwieweit ein Patient in der Lage ist, sich auf ein Arbeitsbündnis auf Augenhöhe einzulassen. Bei passiven Patienten, die eine „Be-Handlung" im Wortsinn erwarten, kann das zu Beginn eine Herausforderung sein, die eine weitere Falle in Bezug auf Zielfestlegung birgt: Die in sie projizierte Heilserwartung kann auf die Psychotherapeutin ausgesprochen starken Druck ausüben, gerade dann, wenn diese Erwartung mit einem hohen Leidensdruck gekoppelt ist. Dies kann dazu führen, dass die Psychotherapeutin dazu verleitet wird, schnell zu zeigen, „was sie kann". Dies kann sowohl unerfahrenen Kolleginnen aus Unsicherheit passieren als auch sehr erfahrenen Kolleginnen aus dem weiter oben beschriebenen Gefühl, schon eine Idee zu haben, worum es bei diesem Patienten bestimmt gehen könnte. Es ist auch möglich, dass schon durch die Symptomatik ein bestimmter Behandlungsplan naheliegt (bspw. Schematherapie bei einer Persönlichkeitsstörung, *EMDR* bei PTBS oder ähnliches) und es verzichtbar erscheint, sich noch lange mit der Formulierung individueller Therapieziele aufzuhalten, wenn der Behandlungsplan vor dem inneren Auge der Psychotherapeutin schon vorgezeichnet ist (zu den Risiken dieses Vorgehens in Bezug auf Dritte-Welle-Psychotherapien s. Kap. 11). Ein Beispiel aus der Supervision kann illustrieren, wie eine Ziel-Festlegung ganz in der Verantwortung der Psychotherapeutin zu einem problematischen Therapieprozess führen kann: Der Psychotherapeut berichtete von der Therapie einer jungen Frau mit diagnostizierter schwerer depressiver Episode und zwanghaften, emotional-instabilen und selbstunsicheren Persönlichkeitsanteilen in einem stationären Kontext. Die Station war gerade dabei, einen schematherapeutischen Schwerpunkt aufzubauen und aufgrund der Komplexität der Symptomatik mit starker Persönlichkeitskomponente wurde schon von der aufnehmenden Ärztin eine Zuweisung zum schematherapeutischen Behandlungskonzept angeregt. Der übernehmende Psychotherapeut auf der Station konnte diese Einschätzung teilen. Er begann also die psychotherapeutischen Sitzungen mit einer Erläuterung des schematherapeutischen Konzepts und einer Einordnung der Symptomatik der Patientin in ein schematherapeutisches Modusmodell. Aufgrund ihrer selbstunsicheren Persönlichkeitsstruktur nahm die Patientin dankbar die Führung der Sitzungen durch den Psychotherapeuten an. Diesem fiel zwar auf, dass die Patientin sich in den Sitzungen sehr passiv verhielt, führte dies aber auf die sich noch nicht fest etablierte therapeutische Beziehung und die Persönlichkeitsstruktur der Patientin zurück. Das Anliegen für die Supervision war schließlich die Situation, als der Psychotherapeut aus einem zweiwöchigen Urlaub zurückkehrte und seine Kollegin, die ihn vertreten hatte, ihn informierte, dass die Patientin nicht mehr in seine Behandlung zurückkehren wolle, sie habe um einen Behandlerwechsel gebeten. Begründung sei, dass sie ihn als dominant, bevormundend und nicht einfühlsam erlebt habe, es sei ihm ihrer Wahrnehmung nach vor allem darum gegangen, „sie in sein Behandlungsschema zu pressen". Der Psychotherapeut fiel aus allen Wolken und zweifelte an seiner therapeutischen Kompetenz, da er die Sitzungen ganz anders erlebt hatte und sich nicht erklären konnte, wie die Patientin zu einer derart negativen Einschätzung des Behandlungsverlaufs kommen konnte. In der Supervision wurde mit der Frage nach den Therapiezielen der Patientin deutlich, dass der Psychotherapeut darauf keine wirkliche Antwort hatte. Vielmehr hatte er sinnvolle Therapieziele angenommen bzw. diese auch in seinem Behandlungskonzept festgelegt, die aber nie explizit mit der Patientin besprochen worden waren. Er hatte sich ein differenziertes und schlüssiges Erklärungsmodell erarbeitet, mit den Informationen, die er von der Patientin erfragt hatte. Das Problem war nur, dass nicht klar war, was genau sich die Patientin eigentlich von der Behandlung erhoffte. Der Psychotherapeut konnte durchaus Therapieziele benennen, die allerdings seinen Überlegungen entsprachen und vermutlich nicht denen der Patientin. Das Beispiel illustriert, wie wichtig es ist, dass Patientin und Psychotherapeut gemeinsam die Verantwortung für Behandlungsziele übernehmen und dass gerade bei passiven, zurückhaltenderen Patienten ein starker Fokus auf eine transparente Übereinkunft von gemeinsamen Therapiezielen gelegt wird.

Literatur

Ende, M. (1973). *Momo*. Thienemann.
Wendisch, M. (1999). Therapieziele – Unterschiede im ambulanten und stationären Setting. In H. Ambühl & B. Strauß (Hrsg.), *Therapieziele*. Hogrefe.

Therapieziele in Dritte-Welle-Psychotherapien

11

▶ **ZIEL** *Für eine verfahrensunabhängige Zielorientierung in Dritte-Welle-Verfahren sensibilisieren*

Die Weiterentwicklung der kognitiven Verhaltenstherapie hin zur Integration neuer, innovativer und meist zunehmend evidenzbasierter Verfahren wird als *dritte Welle der Verhaltenstherapie* bezeichnet. Dies bezeichnet Verfahren, die neue, nicht genuin verhaltenstherapeutische Aspekte in die Verhaltenstherapie integrieren, wie z. B. Akzeptanz, Achtsamkeit oder Arbeit an ungünstigen Beziehungsmustern (s. Heidenreich & Michalak, 2013). Unter die Dritte-Welle-Verfahren fallen *CBASP (Cognitive Behavioral Analysis System of Psychotherapy)*, *ACT (Acceptance and Commitment Therapy)*, *Schematherapie*, die *CFT (Compassion Focussed Psychotherapy)*, *DBT (Dialektisch Behaviorale Therapie)*, die *IPT (Interpersonelle Therapie)*, die *MBCT (Achtsamkeitsbasierte kognitive Therapie)* und andere achtsamkeitsbasierte Ansätze, die *metakognitive Therapie* und *EMDR (Eye Movement Desensitization and Reprocessing)*. In der Auseinandersetzung mit diesen neuen Verfahren ergibt sich der Eindruck, dass die Zielorientierung bzw. die Festlegung eines therapeutischen Ziels zu Beginn einer Behandlung als eines der verhaltenstherapeutischen Grundprinzipien zunehmend in den Hintergrund gerät. Aus den bisher genannten Argumenten, die für eine konsequente Beachtung einer zielorientierten Arbeitsweise sprechen, wäre das eine bedenkliche Entwicklung, die bisher zu wenig diskutiert wird. Im Folgenden sollen einige Dritte-Welle-Ansätze jeweils hinsichtlich ihrer Zielorientierung beleuchtet werden und dann Schlussfolgerungen gezogen werden, was für die Weiterentwicklung der Psychotherapie in Hinblick auf Therapieziele wichtig sein könnte.

11.1 Therapieziele in der Schematherapie

Beim Blick in die gängigen Lehrbücher zur Schematherapie (Jacob & Arntz, 2015; Young et al., 2008) zeigt sich, dass die Festlegung von Therapiezielen kein eigens benannter Schritt in der schematherapeutischen Behandlung ist. Es wird festgehalten, dass für jeden *Modus-Typ*, also *Kindmodi, dysfunktionale Bewältigungsmodi* und *Elternmodi* „spezifische Behandlungsziele relevant" sind. Diese Behandlungsziele sind zum Beispiel das Validieren, Trösten und Fördern der Kindmodi, das in Frage stellen, begrenzen und bekämpfen der dysfunktionalen Elternmodi und das empathische Konfrontieren, validieren, reduzieren und begrenzen der dysfunktionalen Bewältigungsmodi (Jacob & Arntz, 2015). Diese Ziele sind bei näherer Betrachtung allerdings weniger Ziele, als vielmehr allgemeine Beschreibungen der Methodik und der Interventionen. Die Frage „Wozu?" oder „um zu?" bleibt offen. Damit ergibt sich auch die Schwierigkeit, dass die Behandlung keinen fixen Endpunkt hat, zumindest keiner, der klar definiert ist. Jeffrey Youngs Buch (2008) hat 523 Seiten und 7 Seiten Sachwortregister, in dem keins der Sachworte „Ziele", „Therapieziele" oder „Behandlungsziele" vorkommt. Es ergibt sich damit die Schwierigkeit, dass die Schematherapie leicht zu einer Psychotherapie mit „open end" gerät. Wann ist es Zeit, die Psychotherapie zu beenden? Wann ist genug validiert, gefördert, getröstet, konfrontiert und begrenzt worden? Jede Kollegin, die schematherapeutisch arbeitet, wird aus Erfahrung wissen, dass die mit der Schematherapie fokussierten Themen Lebensthemen sind und dass damit Pathologie und Variationen von Persönlichkeit fließend ineinander übergehen. Das Gleiche gilt für Psychotherapie und Persönlichkeitsentwicklung. Das ist kein Nachteil, sondern kann helfen, Patienten ein Modell an die Hand zu geben, das sie selbstständig weiterführen können, wenn die Psychotherapie beendet ist. Wenn das Psychotherapie-Lehrbuch aber keine Aussage dazu macht, wann ein geeigneter Zeitpunkt ist, die Behandlung zu beenden oder auch, woran man erkennen kann, dass die Methodik bei einer Patientin nicht die geeignete ist und ein Wechsel notwendig ist, wird es schwierig, diese Entscheidungen fundiert zu treffen. Dazu ist es nur folgerichtig, dass Gitta Jacob, Verfasserin zahlreicher Lehrbücher zum Thema Schematherapie, in diesem Jahr ein Buch mit dem Titel „Leben geht nur vorwärts. Wann es Zeit ist, das innere Kind in Ruhe zu lassen und durchzustarten" veröffentlicht hat (Jacob, 2024). Durch die Vermischung von Zielen und Methode ist es nicht mehr einfach möglich, festzustellen, wann es Zeit ist bzw. welche Anzeichen dafür sprechen, die Methode zu wechseln. Wie in diesem Buch hoffentlich deutlich geworden ist, hängt das Thema Ziele eng mit dem Thema Therapieende zusammen. Auch die Sachwörter „Ende", „Therapieende", „Behandlungsende", „Abschluss" erscheinen nicht im Sachwortregister bei Jeffrey Young (2008). In Jacob und Arntz (2015) werden dem „Abschluss der Therapie" 10 sehr allgemein gehaltene Zeilen gewidmet, die keine Aussage darüber treffen, anhand welcher Indikatoren ein Abschluss geplant werden kann. Dies soll nicht als Kritik an der Schematherapie missverstanden werden, die als evidenzbasierte und gut etablierte Erweiterung des psychotherapeutischen Repertoires gelten kann. Es scheint mir nur, als gäbe es im Bereich der Zielklärung und -festlegung und damit einhergehend auch beim Thema Therapieabschluss eine Leerstelle innerhalb der Schematherapie.

11.2 Therapieziele in der Interpersonellen Therapie

Die Dritte-Welle-Therapie, die Therapieziele wahrscheinlich am explizitesten in einer festen Struktur aufnimmt, ist die *Interpersonelle Therapie* (Schramm, 2010). Das inhaltlich prägende Merkmal der *IPT* ist die Fokussierung auf die interpersonellen Beziehungen der Patienten im Gegensatz zu kognitiven oder verhaltensbezogenen Faktoren der depressiven Erkrankung, für die die *IPT* entwickelt wurde. Aufgrund der Integration der interpersonellen Beziehungsmuster kann die *Interpersonelle Therapie* als Dritte-Welle-Verfahren gelten. Die *IPT i*st eine Kurzzeittherapie mit festgesetztem Ende. In einem Behandlungsvertrag zu Beginn der Behandlung wird ein Behandlungsfokus, dazugehörige Ziele und der Umfang der Behandlung besprochen und festgelegt. Im Lehrbuch zur *IPT* (Schramm, 2010) zieht sich sowohl das Thema Ziele als auch das Thema Behandlungsende wie ein roter Faden durch. Auch Behandlungsabbrüche und der Umgang damit wird thematisiert. Sie unterscheidet sich von anderen Dritte-Welle-Verfahren dadurch, dass sie nicht primär dabei hilft, komplexere Störungsbilder besser behandeln zu können, wie das bei den meisten anderen Dritte-Welle-Verfahren der Fall ist. Interessant ist, dass gerade in der überschaubarsten, kürzesten Dritte-Welle-Therapie Ziele so klar und zentral fokussiert werden, obwohl eigentlich gelten müsste, dass Ziele und damit zusammenhängende Behandlungsplanung je wichtiger werden, desto komplexer und länger eine Behandlung ist.

11.3 Therapieziele in der Acceptance and Commitment-Therapie (ACT)

Die *Acceptance-and-Commitment-Therapie* wählt in vielerlei Hinsicht und so auch beim Thema Therapieziele einen anderen Weg als die anderen Dritte-Welle-Verfahren. Insgesamt liegt in der Zielorientierung ein Hauptfokus in der *ACT* in dem Sinne, dass permanentes Thema der Behandlung die Werteorientierung des Patienten ist. Um werteorientiert zu handeln, sind Ziele als Zwischenetappen auf dem werteorientierten Weg notwendig, und immer wieder werden Ziele dann auch kleinschrittig heruntergebrochen auf nächste Schritte in Richtung eines bestimmten Ziels und damit auch in Richtung eines persönlich bedeutsamen Wertes. In dieser Hinsicht ist *ACT* eine durch und durch zielorientierte therapeutische Herangehensweise, wenn auch Ziele nicht im ursprünglich verhaltenstherapeutischen Sinn vor Beginn der Behandlung festgelegt werden. Die persönliche Bedeutsamkeit von Zielen, also das Kriterium der *Attraktivität* des Ziels für den Patienten ist mit der Werteorientierung in *ACT* automatisch voll im Fokus. Auch bei der Unterstützung der Patienten, Prozess- von Ergebniszielen zu unterscheiden und insgesamt mit mehr Klarheit eigene Lebensziele zu verfolgen, ist die *ACT* stark zielfokussiert. Da die Ziele im Sinne werteorientierten Handelns immanenter Bestandteil der Behandlungsmethodik der *ACT* sind, kommt es aber auch hier zu einer Fusion zwischen Zielen und Methodik, wie das Zitat „Ziele sind der Prozess, durch den der Prozess zum Ziel wird" aus Hayes et al. (2014, S. 390) zeigt. Ziele, die sich im Laufe der Behandlung ergeben, können nicht als Messinstrument für den Behandlungsfortschritt dienen. Die *ACT* funktioniert daher eher nach dem Prinzip „Der Weg ist das Ziel" und erlebt daher ähnliche Schwierigkeiten wie die bei der Schematherapie erörterten, was ein Erkennen des Behandlungsendes angeht. Auch hier legt die gewählte Methodik (*ACT*) die Therapieziele fest. Übergeordnetes Ziel ist die psychische Flexibilität des Patienten, was ein wichtiges Ziel darstellt, aber genau wie die Veränderung von dysfunktionalen Modi in der Schematherapie ein „open end"-Prozess ist. Die Gefahr besteht also auch hier, dass durch nicht explizit operationalisierte Therapieziele kein Endpunkt für die Behandlung festgelegt wird und auch keine Indikatoren vorliegen, die objektivierbar anzeigen, wann ein Wechsel der Methodik erforderlich sein könnte.

11.4 Therapieziele in der *EMDR*-Therapie

Die *Eye Movement Desensitization and Reprocessing-Therapy (EMDR)* versteht sich mittlerweile als eigenständige Psychotherapieform mit einem kompletten Behandlungsablauf für verschiedene psychische Diagnosen und ist damit nicht mehr nur als eine Methode zu verstehen, die in andere Psychotherapieformen integriert wird. Damit ist es auch interessant zu schauen, wie Behandlungsziele in der EMDR operationalisiert werden. Zwar beinhaltet der *EMDR*-Anamnesebogen auch eine Zeile „Behandlungsziel", wie genau dieses Ziel aber ausgearbeitet wird, bleibt im Manual offen (Lehnung, 2022). Es liegt also kein Fokus auf der Festlegung eines Ziels für die Behandlung. Klarer operationalisiert ist das Ziel innerhalb einer *EMDR*-Sitzung: Die Belastung wird durch den so genannten *SUD* (*subjective units of disturbance*) regelmäßig erhoben, Ziel einer *EMDR*-Sitzung ist es, dass der *SUD* auf 0 reduziert wird. Die einzige Definition der *SUD*-Skala ist allerdings die Frage an den Patienten, wie belastend sich eine Erinnerung anfühlt. Das Ziel innerhalb einer EMDR-Sitzung ist also explizit festgelegt: Die subjektive Belastung durch eine Erinnerung soll deutlich reduziert werden. Wie sich dieses Ziel aber in einen größeren Behandlungskontext und in Kontext zur vorliegenden Diagnose setzt, bleibt eher unklar. Man kann sich zwar gut vorstellen, dass auf Basis des *AIP-Modells*, das der *EMDR* zugrunde liegt (Shapiro, 2023), eine Reduktion des Belastungsgrads durch Erinnerungen zu einer Besserung der Symptomatik und Gesamt-Belastung des Patienten führen soll, explizit festgelegt oder mit dem Patienten besprochen wird dies aber nicht. Man kann sich also fragen: Wie genau ist das jeweilige Sitzungs-Ziel „Reduktion des *SUD*" verbunden mit einem überdauernden Therapieziel des Patienten? Liegt ein Ziel vor, das durch eine dauerhafte Reduktion der Belastung durch negative Erinnerungen erreicht werden kann? Gibt es darüber hinausgehende Ziele des Patienten, die noch andere Interventionen erfordern? Wird das explizit mit dem Patienten thematisiert? Diese Fragen bleiben in den *EMDR*-Lehrbüchern und -Manualen offen.

11.5 Therapieziele in der *CBASP*-Therapie

Die *CBASP*-Therapie (*Cognitive Behavioral Analysis System of Psychotherapy*) ist eine Psychotherapieform, die speziell für Menschen mit chronisch verlaufender Depression entwickelt wurde (McCullough, 2006). Sie ist im Grunde eine integrative Therapiemethode, da sie kognitiv-verhaltenstherapeutische Elemente mit psychoanalytischen Ideen bezüglich Übertragungsphänomenen in der therapeutischen Beziehung verbindet. Ein weiterer zentraler Faktor ist interpersonelle Kommunikation, die mit Hilfe des *Kiesler Kreis-Training* eingeübt wird. Sie ist gleichzeitig eine stark strukturierte Methode, die einen klaren Fahrplan sowohl für die gesamte Psychotherapie als auch für einzelne Stunden beinhaltet. Das Kernstück der *CBASP* ist die *Situationsanalyse*, in der nach einem festen Schema problematische Situationen aus dem Leben des Patienten analysiert werden. Die Situationsanalyse beinhaltet eine starke Zielorientierung, indem bei Vergangenheits-Situationsanalysen festgelegt wird, wie das erwünschte Ergebnis einer Situation gewesen wäre (Also: Was wäre mein Ziel gewesen, wenn ich mir das vorher überlegt hätte?) und bei Zukunfts-Situationsanalysen das Ziel prospektiv festgelegt wird (Was ist mein Ziel in der Situation?). Insofern ist die *CBASP* stark zielorientiert ausgerichtet und ein zentraler Prozess in der Behandlung ist es, den Patienten zu vermitteln, dass sie selbst Einfluss auf ihr angestrebtes Ziel haben und ihr Verhalten dementsprechend ausrichten können. Bezüglich des gesamten Psychotherapieverlaufs ist die Zielfestlegung weniger klar. Es gibt keine festgelegte Ziel-Definition zu Beginn der Behandlung. Möglicherweise ist der Grund dafür auch in der Zielgruppe der chronisch depressiven Patienten zu sehen: Da das übergeordnete Ziel der *CBASP*-Therapie ist, chronisch depressive Menschen aus ihrem *präoperativen* Denkmuster zu befreien, ergibt es auch Sinn, sich zu Beginn der Behandlung noch nicht viel davon zu versprechen, konstruktive Therapieziele mit den Patienten festzulegen. Vielmehr ist der Hintergedanke, dass Patienten erst im Lauf der Behandlung lernen, zielorientiert zu denken und ihre Einflussmöglichkeiten zu erkennen. In Bezug auf die Zielorientierung weist die *CBASP*-Therapie also Ähnlichkeiten mit *ACT* auf: Beide legen einerseits einen starken Fokus auf die zielorientierten Handlungen, andererseits legen sie nicht zu Beginn der Behandlung explizit Therapieziele mit den Patienten fest.

11.6 Therapieziele in der emotionsfokussierten Therapie (EFT)

Die *emotionsfokussierte Therapie* ist eine integrative Psychotherapie, die gestalttherapeutische, systemische Elemente sowie Elemente der klientenzentrierten Psychotherapie verbindet und auf der Basis von neurowissenschaftlicher Forschung sowie Psychotherapieprozess- und -ergebnisforschung von Leslie Greenberg und weiteren Kollegen entwickelt wurde (Greenberg, 2016). Sie bewegt sich also einerseits in der Tradition humanistischer Psychotherapien, erfreut sich andererseits aber schulenübergreifend zunehmend größerer Beliebtheit und durch ihre Evidenzbasierung ist sie auch für viele kognitiv-verhaltenstherapeutische orientierte Psychotherapeuten interessant. Damit ist sie im besten Sinne eine integrative Therapieform. Das grundlegende Prinzip der *EFT* ist *Emotionen mit Emotionen verändern*. Das wichtigste Ziel der *EFT* ist es, durch Arbeit mit Emotionen zu so genannten primär-adaptiven Emotionen zu kommen und diese dann zu bearbeiten. Therapieziele im engeren Sinn werden nicht mit den Patienten besprochen, sondern es wird das Therapierationale dargelegt und mögliche Ziele für den Patienten angeboten, die eher allgemein gehalten sind, z. B. „Sie werden vielleicht ein neues Gefühl dafür entwickeln, in sich selbst zuhause zu sein" oder „Sie werden sich vitaler und offener fühlen, um die Zukunft zu gestalten" (Heylen & Renders, 2019). Die *EFT* legt weder innerhalb der Methode (wie das bei *CBASP* oder *IPT* der Fall ist) noch als Rahmenkonstrukt Wert auf ein explizit zielorientiertes Vorgehen, was sicher auch mit ihrer Fundierung in humanistischen Psychotherapieformen zu tun hat, innerhalb derer traditionell Zielorientierung einen weniger wichtigen Stellenwert hat als in kognitiv-verhaltenstherapeutischen Ansätzen (s. auch Kap. 2).

11.7 Therapieziele in der MBCT und anderen achtsamkeitsbasierten Verfahren

Die achtsamkeitsbasierte kognitive Verhaltenstherapie (*MBCT*) wurde zur Rückfallprävention bei depressiven Störungen entwickelt (Zindel et al., 2008). Die Therapieform kombiniert achtsamkeitsbasierte Strategien der sogenannten achtsamkeitsbasierten Stressreduktion (*MBSR*) (Kabat-Zinn, 2011) mit Methoden der kognitiven Verhaltenstherapie. Ziel der Therapieform ist es, den Patientinnen zu mehr Achtsamkeit im Alltag zu verhelfen. Hauptinhalt der Therapieform ist das Einüben der Achtsamkeitspraxis, kombiniert mit Methoden der kognitiven Verhaltenstherapie wie Psychoedukation, Aufbau angenehmer Aktivitäten und Aufbau einer Tagesstruktur. Die Patientinnen erlernen verschiedene Arten der geführten und freien Meditationsformen und es wird daran gearbeitet, dass Achtsamkeit im Alltag möglichst häufig implementiert wird. Therapieziele im engeren Sinn werden nicht besprochen. Da es sich primär um eine Rückfallprophylaxe-Behandlung handelt, beinhaltet diese Überschrift implizit das Ziel der Verhinderung eines depressiven Rückfalls. Individuelle Therapieziele, wie genau es für eine Patientin jeweils aussieht, nicht wieder depressiv zu werden, werden nicht genauer besprochen. Zielorientierung ist auch kein Inhalt der Therapie, anders als in *CBASP* oder der *IPT*. Im Gegenteil wird Zielorientierung teilweise sogar kritisch betrachtet, da ein zu starkes Fokussieren auf ein Ziel die Gefahr bergen könnte, den aktuellen Moment aus dem Blick zu verlieren, was in achtsamkeitsbasierten Verfahren wichtigstes Ziel ist. Daher liegt im Grunde das einzige benannte Ziel der achtsamkeitsbasierten Verfahren im Hier und Jetzt: Den momentanen Augenblick wahrnehmen und nutzen, anstatt in Gedanken entweder in der Vergangenheit oder in der Zukunft zu sein. Michalak (2007) benennt diese Gefahr in seinem Artikel zur Zielperspektive in der Psychotherapie und fordert dazu auf, aufgrund einer zu starken Zielorientierung nicht den aktuellen Moment und die Wichtigkeit der Achtsamkeit aus dem Blick zu verlieren. Man könnte dagegenhalten, dass auch das Etablieren einer Achtsamkeitspraxis im Alltag oder mehr Achtsamkeitsmomente zu schaffen ein Therapieziel sein können und dass zielorientiertes Arbeiten in der Psychotherapie nicht heißt, ununterbrochen auf einem in der Zukunft liegenden Zielzustand zu fokussieren, anstatt sich im Hier und Jetzt zu bewegen. In einem Bild ausgedrückt: Bei einer Wanderung ab und zu die Karte zu Rate zu ziehen, um sicherzugehen, dass man noch auf dem richtigen Weg ist, sagt meiner Meinung noch nicht viel darüber aus, wie achtsam man die gesamte Wanderung verbracht hat, wie viel der Zeit man im Hier und Jetzt war und die stärkende Kraft der Achtsamkeit in der Wanderung anwenden konnte oder ob es eine eher unachtsame Wanderung war, bei der man grübelnd und im inneren Autopiloten durch eine Landschaft gelaufen ist, die man kaum wahrgenommen hat. Beide Varianten sind möglich, aber vielleicht ermöglicht ein klarer Rahmen, den ein gestecktes Ziel schaffen kann, sogar mehr Freiheit für Achtsamkeit als ein Vorgehen ohne Ziel, das auch dazu verleiten kann, sich zu verlaufen, geistig wie körperlich. In diesem Sinne sehe ich keinen Widerspruch in zielorientierter Psychotherapie und einem Vorgehen nach der *MBCT*.

11.8   Zusammenfassung

Zusammenfassend kann festgehalten werden, dass sich innerhalb der Verfahren der Dritten Welle der Verhaltenstherapie zwei Gruppen in Bezug auf das Thema Therapieziele zeigen. Die eine Gruppe, wozu die *Akzeptanz- und Commitment-Therapie*, die *CBASP*, die *Dialektische-behaviorale Therapie* und die *Interpersonelle Therapie* zählen, räumen dem Thema Zielorientierung inhaltlich einen hohen Stellenwert ein, wenn auch an unterschiedlichen Stellen im Therapieprozess und mit ganz unterschiedlicher Ausgestaltung. Zielorientiertes Handeln spielt in allen diesen genannten Verfahren eine zentrale Rolle und wird den Patientinnen auch inhaltlich vermittelt. Allerdings bewegt sich die Zielorientierung ausschließlich innerhalb des Rahmens der jeweiligen Behandlungsmethode und nicht außerhalb. Die Zielfestlegung setzt also keinen Rahmen, innerhalb der dann die Entscheidung für eine Methode der Dritten Welle getroffen wird, sondern zuerst fällt die Entscheidung für ein Verfahren, innerhalb dieses Verfahrens werden dann auch die Ziele der Patientin thematisiert. Die zweite Gruppe (*Schematherapie*, *EMDR*, *emotionsfokussierte Therapie*, *MBCT*) erwähnt Therapieziele weder explizit innerhalb noch außerhalb der Behandlungsstruktur und legt auch keinen inhaltlichen Fokus auf das Thema zielorientiertes Arbeiten.

Insgesamt ergibt sich daher bei allen Verfahren der so genannten Dritten Welle der Eindruck, dass eine schwierige Entwicklung geschieht: Die Trennung zwischen Zielfestlegung und Methodenauswahl wird aufgehoben, sodass das Therapieziel mit Auswahl der Methode implizit mitfestgelegt wird: Das Therapieziel ist dann erreicht, wenn die Methode ausreichend umgesetzt wurde. Es ergibt sich damit die Gefahr eines Zirkelschlusses: Es geht dem Patienten noch nicht ausreichend gut, also wurde offenbar die Methode noch nicht ausreichend lange durchgeführt. Dies birgt die Gefahr einer „Mehr desselben"-Strategie ohne Rahmen, der vorab gesteckt wurde und an dem überprüft werden könnte, ob eher ein Wechsel der Methodik die zielführendere Variante wäre, anstatt weiter bei einer Methode zu bleiben, die zu nur geringer Response führt. Da es sich bei den Dritte-Welle-Verfahren hauptsächlich um Weiterentwicklungen der Verhaltenstherapie handelt, die ja gerade für schwer kranke Patienten mit komplexen Störungsbildern wie Persönlichkeitsstörungen oder chronifizierten Erkrankungen gedacht sind, ist es besonders schwierig, die Ursache für mangelnde Therapieresponse zu finden: Liegt einfach ein langwieriger, komplizierter Therapieverlauf aufgrund einer komplexen Symptomatik vor, die viel Zeit und Intervention erfordert, man ist aber auf dem richtigen Weg? Oder liegt mangelnde Therapieresponse vor? Bei der *Schematherapie* beispielsweise heißt das, dass ein Therapieziel oft darin besteht, dass die kindlichen Modi getröstet, die dysfunktionalen Bewältigungsmodi begrenzt und der gesunde-Erwachsenen-Modus gestärkt wird. Dies scheinen mir in der Logik der *vehicle goals* vs. *destination goals* mindestens teilweise *vehicle goals* zu sein (Law, 2018). Das heißt, dass diese Ziele Antworten auf die Frage geben, mit welchen Mitteln etwas erreicht werden soll, aber sie beantworten nicht die Frage, was denn eigentlich ganz genau erreicht werden soll: Was ist der Zielzustand? Es liegt nahe, bei den genannten Zielen (wie den kindlichen Modus zu trösten) die „Wozu?"-Frage zu stellen. Wozu sollen diese Modi bearbeitet und verändert werden? Was ist anders, wenn die gesunde Erwachsene stärker ist, wenn ein Bewältigungsmodus geschwächt ist oder wenn das Kind getröstet wurde? Oder bezogen auf die *EMDR*: Was ändert sich, wenn die belastenden Erinnerungen ausreichend reprozessiert worden sind? Woran würde die Patientin eine erwünschte Veränderung in ihrem Alltag bemerken? Woran merken wir, dass in der *CBASP* die Wirkung der Prägungen ausreichend geschwächt wurden? Woran merkt es die Patientin? Es liegt eine Gefahr in der Vernachlässigung der klaren Zieldefinition, die vermutlich alle Gutachter und Supervisoren kennen und die mir immer wieder von Kollegen bestätigt wird: Es wird schwierig, einen Endpunkt für die Psychotherapie zu finden. Es ist lange Zeit möglich, emotionsfokussierte Interventionen umzusetzen in der Schematherapie, Situationsanalysen zu besprechen in *CBASP*. Belastende Situationen und Gefühle, denen man in der *MBCT* mit Achtsamkeit begegnen kann, werden nie ausgehen, und so wird ein Patient auch immer mit „Material" in die Sitzung zu einer achtsamkeitsfokussierten Psychotherapie kommen. Üblicherweise erkennen Psychotherapeut und Patient natürlich oft, dass es dem Patienten besser gelingt, selbst mit seinen Belastungen umzugehen und dass es vielleicht wirklich real schon weniger belastende Situationen gibt. Dies oder auch schlicht das zur Neige gehen der bewilligten Therapiestunden (oder das Ende eines stationären Aufenthalts) bildet durchaus auch Endpunkte einer Psychotherapie. Gerade wenn der Erfolg aber ausbleibt, zeigt sich die wirkliche Gefahr des Vermischens von Ziel und Methode: Wenn das Ziel darin besteht, die Methode so lange durchzuführen, bis eine Besserung eintritt, ist das Ende der Behandlung im Grunde offen und es gibt kein Regulativ mehr zu erkennen, wann „Mehr desselben" vielleicht einfach nicht in die richtige Richtung führt. Daher appelliere ich an dieser Stelle für eine möglichst gründliche Zielfestlegung mit den in diesem Buch genannten Strategien auch und besonders bei der Anwendung von Dritte-Welle-Verfahren.

Im größten Teil der Entwicklungen der so genannten Dritten Welle der Verhaltenstherapie werden durchaus *Mikro- und Mesoziele* (Neudeck & Mühlig, 2013) thematisiert, also Ziele, die sich auf eine einzelne Stunde beziehen oder auch Ziele, die sich auf den Prozess beziehen, also die Gestaltung der therapeutischen Beziehung zum Beispiel. Die *Makroziele*, die sich auf den gesamten Psychotherapieverlauf beziehen, den roten Faden darstellen und damit auch hilfreich in Zwischenevaluationen und der Frage nach dem Therapieende sind, sind aber offensichtlich deutlich in den Hintergrund getreten. Nun ist es ja Ziel der dritten Welle, neue Dimensionen, Methoden und Ebenen in die Verhaltenstherapie zu integrieren. Dieses Ziel ist vermutlich unbestritten ein sinnvolles und die Verhaltenstherapie bleibt damit eine lebendige, dynamische Behandlungsart, die nicht in einer früheren Zeit konserviert wurde, irgendwann „anstaubt" und an Bedeutung verliert, sondern sich weiterentwickelt und den Anforderungen der gegenwärtigen Zeit standhalten kann. Dass bei dieser Entwicklung aber das zielorientierte Arbeiten immer wieder aus dem verhaltenstherapeutischen Repertoire verschwindet, wirkt auf mich nicht wie ein bewusster Beschluss, sondern eher wie eine versehentliche Nebenwirkung der Dritte-Welle-Therapien. Wenn man sich ansieht, welchen Komplexitätsgrad manche der entsprechenden Behandlungsmanuale mittlerweile aufweisen und darüber hinaus dann noch teilweise mehrere der Dritte-Welle-Therapien innerhalb einer Behandlung angewendet werden, ist es nicht verwunderlich, dass das ein oder andere Bewährte eventuell unbeabsichtigt auf der Strecke bleibt.

11.9 Lösungsvorschlag

Die gute Nachricht ist: Der beschriebene Schwachpunkt der Dritte-Welle-Verfahren in Bezug auf Zielorientierung lässt sich recht leicht beheben. Es erfordert nicht mehr und nicht weniger als die Umsetzung der in diesem Buch genannten Strategien auch innerhalb der Dritte-Welle-Verfahren. Die Interventionen zur Stärkung der Zielorientierung wie die Zieldefinition und -festlegung mithilfe eines *Goal Attainment Scaling* oder einer anderen Strategie können einen Rahmen bilden, innerhalb dessen jede Art von Psychotherapie möglich umzusetzen ist. Genau dies ist die Stärke einer Zielfestlegung: Dass sie zunächst eben komplett unabhängig von der dann gewählten Methode ist, sondern im ersten Schritt ganz für sich alleinsteht. Die Psychotherapeutin kann, selbst wenn klar ist, dass ein bestimmtes Verfahren zur Anwendung kommen wird, vor Beginn der eigentlichen Interventionen der Patientin den Raum zur Zielfestlegung einräumen (je nach Setting mehr oder weniger zeitintensiv) und damit all die in Kap. 4 genannten Vorteile einer Zielfokussierung in jede Form der Psychotherapie mitaufnehmen, ob Dritte-Welle-Verfahren, kognitive Verhaltenstherapie oder auch psychodynamische oder analytische Ansätze. Gerade für komplexere Fälle zeigt sich die Wichtigkeit der Zielfestlegung, allerdings erst im Verlauf der Behandlung: Die Festlegung von Zielen schützt vor den diversen in Kap. 10 genannten möglichen Problemen im Verlauf, die umso mehr auftreten können, je komplexer eine psychische Erkrankung ist. Festgelegte Ziele geben einem psychotherapeutischen Prozess den notwendigen Kompass an die Hand, der es Psychotherapeutin und Patientin ermöglicht, den Überblick auch in aufwühlenden Themen zu behalten und sich eben nicht im Dickicht psychischer Belastungen zu verirren. Wenn mehr Psychotherapeutinnen auch in Dritte-Welle-Verfahren zu Beginn eine explizite Zielfestlegung durchführen würden, ergäbe sich damit viel stärker die Chance, dass weniger Therapieverläufe durch ein unbeabsichtigtes „Mehr desselben" aufgrund von Mangel an Alternativen geprägt wären. Ohne besprochene Ziele, auf die man sich zu jedem Zeitpunkt in der Psychotherapie (und besonders dann, wenn es stockt) beziehen kann, fehlt der Psychotherapeutin das Werkzeug, um das ungute Gefühl „Es läuft hier nicht so richtig" zu verifizieren. Damit steigt das Risiko, dass eine Psychotherapie viel zu lange weitergeführt wird, obwohl der Nutzen für die Patientin nicht ausreichend ist.

Eine abschließende Bemerkung: Es geht in diesem Kapitel in keiner Weise darum, die Wirksamkeit einer der genannten Psychotherapieformen in Zweifel zu ziehen. Alle genannten Dritte-Welle-Psychotherapien verfügen über eine gute Evidenzbasis und über einen reichen Fundus an positiven Erfahrungswerten von erfahrenen Psychotherapeuten. Dies soll keinesfalls angezweifelt werden, eben so wenig wie die Wichtigkeit und Relevanz aller Weiterentwicklungen, die unter den Dritte-Welle-Konzepten zusammengefasst werden. Die Ausführungen in diesem Kapitel beziehen sich ausschließlich auf die Wichtigkeit einer verstärkten Zielfokussierung in den genannten Verfahren. Gerade weil die Dritte-Welle-Verfahren innovative Weiterentwicklungen darstellen, die häufig integrativ die Brücke über verschiedene Therapieschulen hinweg zu schlagen in der Lage sind, haben sie auch das Potenzial, den aus dem Fokus geratenen Aspekt der Zielorientierung mehr zu integrieren und damit alle in diesem Buch beschriebenen Vorteile im Sinne der Patientinnen auch in Dritte-Welle-Verfahren zu integrieren.

Literatur

Eifert, G. H. (2022). *Akzeptanz- und Commitment-Therapie (ACT)*. Hogrefe.
Greenberg, L. S. (2016). *Emotionsfokussierte Therapie*. Reinhardt.
Harris, R. (2013). *Wer dem Glück hinterherrennt, läuft daran vorbei: Ein Umdenkbuch*. Goldmannverlag.
Hayes, S., Strohsahl, K. D., & Wilson, K. G. (2014). *Akzeptanz- und Commitment-Therapie. Achtsamkeitsbasierte Veränderungen in Theorie und Praxis*. Junfermann.
Heidenreich, T., & Michalak, J. (Hrsg.). (2013). *Die „dritte Welle" der Verhaltenstherapie. Grundlagen und Praxis*. Beltz.
Heylen, A., & Renders, K. (2019). *Handout zur Fallformulierung*. ISEFT-Kongress.
Hofmann, A., & Lehnung, M. (2023). *EMDR-Fortbildung Teil 2*. EMDR-Institut Deutschland.
Jacob, G. (2024). *Leben geht nur vorwärts. Wann es Zeit ist, das innere Kind in Ruhe zu lassen und durchzustarten*. Beltz.
Jacob, G., & Arntz, A. (2015). *Schematherapie in der Praxis*. Beltz.
Kabat-Zinn, J. (2011). *Gesund durch Meditation. Full Catastrophe Living. Das vollständige Grundlagenwerk. Erste vollständige Ausgabe*. Knaur.

Law, D. (2018). Goal-oriented practice. In M. Cooper & D. Law (Hrsg.), *Working with goals in psychotherapy and counselling*. University Press.

Lehnung, M. (2022). *Manual EMDR-Fortbildung Teil 1*. EMDR-Institut Deutschland.

McCullough, J. P. (2006). *Psychotherapie der chronischen Depression. Cognitive Behavioral Analysis System of Psychotherapie – CBASP*. Elsevier.

Michalak, J., Grosse Holtforth, M., & Berking, M. (2007). Patientenziele in der Psychotherapie. *Die Psychotherapie, 52*, 6–15.

Neudeck, P., & Mühlig, S. (2013). *Therapie-Tools Verhaltenstherapie*. Beltz.

Schramm, E. (2010). *Interpersonelle Psychotherapie*. Schattauer.

Shapiro, F. (2023). *EMDR – Grundlagen und Praxis*. Junfermann.

Young, J. E., Klosko, J. S., & Weishaar, M. E. (2008). *Schematherapie. Ein praxisorientiertes Handbuch*. Junfermann.

Zindel, V. S., Mark, J., Williams, G., & Teasdale, J. D. (2008). *Die Achtsamkeitsbasierte Kognitive Therapie der Depression. Ein neuer Ansatz zur Rückfallprävention*. DGVT.

Abschluss 12

▶ **ZIEL** *Kurze Zusammenfassung der wichtigsten Inhalte und Überprüfung der Lernziele für dieses Buch*

In einer abschließenden Zusammenfassung lässt sich die Botschaft dieses Buchs sehr effizient in einem Satz darstellen: Therapieziele haben mannigfaltige positive Auswirkungen, sind sowohl für unerfahrenere als auch erfahrene Psychotherapeutinnen eine wichtige Hilfestellung und lassen sich in jedem Setting flexibel auf die ein oder andere Weise integrieren.

Der Einsatz einer zielorientierten Perspektive in der Psychotherapie ist nicht gleichbedeutend damit, eine Psychotherapie übermäßig stark zu strukturieren oder zu formalisieren. Die Sammlung an sehr unterschiedlichen Strategien und Herangehensweisen in Kap. 8 konnte dies hoffentlich verdeutlichen. Andererseits können Ziele eine Psychotherapie strukturieren, je nach gewünschtem Grad der Strukturierung mehr oder weniger. Kap. 7 führte in das *Goal Attainment Scaling* ein, das die Möglichkeit bietet, Therapieziele ausführlicher und genauer zu erheben. Wiewohl das *GAS* an sich leicht und schnell erklärt ist, war es mir ein Anliegen, die Vorgehensweise einmal sehr detailliert und mit den potenziellen Fehlerquellen darzustellen. Bisher in der Literatur finden sich vor allem sehr überblicksartige knappe Beschreibungen des *GAS*, die gerade Anfängerinnen leicht überfordern können oder zumindest mit vielen offenen Fragen zur konkreten Umsetzung zurücklassen.

Eher für erfahrenere Kolleginnen könnte die in Kap. 3 erläuterte *Zielorientierung im Hintergrund* eine Hilfe sein, die eine Möglichkeit bieten kann, ohne irgendeine äußere Änderung der eigenen psychotherapeutischen Behandlungen mehr Zielorientierung in die Behandlung zu integrieren. Dies könnte vielleicht für den ein oder die andere nach der Lektüre dieses Buches ein erster Schritt sein, um wieder etwas mehr Zielorientierung in laufenden Behandlungen zu integrieren, indem man sich ganz simpel die Frage stellt: „Ist mir klar, welches Ziel die Patientin verfolgt und ist mir klar, welches Ziel ich verfolge?" Und im zweiten Schritt: „Sind die beiden deckungsgleich?"

Ähnliches gilt für die Überlegungen in Kap. 11 zu den Verfahren der so genannten Dritten Welle. Für erfahrene Kolleginnen, die schwerpunktmäßig mit einem oder mehreren Dritte-Welle-Verfahren arbeiten, könnte es eine qualitative Verbesserung darstellen, vor dem Beginn der Interventionsphase eine Zielfindung zu integrieren (sofern sie das natürlich nicht sowieso schon tun) und vielleicht auch zu überprüfen, ob die erste eigene Idee bezüglich der Psychotherapieform auch wirklich kongruent zu den Zielvorstellungen der Patientin ist. Wir alle sind anfällig für das *law of the instrument* oder *Maslows Hammer*: „Wer als Werkzeug nur einen Hammer hat, sieht in jedem Problem einen Nagel". In dem Wikipedia-Artikel zu diesem Thema finden sich unter der Rubrik „Siehe auch" interessanterweise die Verweise zu den Artikeln *déformation professionelle* und *Fachidiot*. Ich kenne von mir selbst nach wie vor das Phänomen, nach einer interessanten Fortbildung plötzlich reihenweise Patientinnen vor mir zu haben, für die alle genau diese neue Intervention wie gemacht zu sein scheint. Ähnliches passiert, wenn man mit einem Verfahren sehr vertraut ist und viele gute Erfahrungen damit gemacht hat. Das hat wie so vieles im Leben gute und schlechte Seiten; die Tendenz, gern mit altvertrauten Werkzeugen zu arbeiten, zeigt zum einen die Sicherheit und Expertise mit diesem Verfahren, zum anderen aber auch den zunehmenden Autopiloten, der unser Arbeiten übernehmen kann. Eine klare Zielorientierung in den Behandlungen schützt vor diesem Autopiloten und seinen eventuellen Nachteilen, indem man sich vor der Interventionsphase bewusst und auf Basis von klarer Abstimmung mit der Patientin für ein Verfahren entscheidet. Im Anschluss daran darf der Autopilot gerne von Zeit zu Zeit übernehmen, genau wie in der Metapher weiter oben mit dem Navigationssystem: Wenn das Ziel korrekt eingestellt ist, darf der therapeutische Prozess zumindest phasenweise auch wie von selbst laufen. Überspringt man allerdings den Punkt mit der Zieleingabe, könnte es schwierig werden, den Kurs zu halten, wenn er denn überhaupt je klar war.

Zum Abschluss nehme ich noch einmal Bezug zu den im ersten Kapitel aufgestellten Zielen für dieses Buch und zitiere: „Ziele dieses Buches sind damit insgesamt drei: Erstens, ein höheres Bewusstsein für die Wichtigkeit zielorientierten Arbeitens zu schaffen; zweitens, eine Einführung in das bewährte Instrument des *Goal Attainment Scalings* zu geben und drittens, Kolleginnen mehr Flexibilität im Umgang mit Therapiezielen zu verschaffen durch eine größere Bandbreite an Umgangsmöglichkeiten mit diesem Thema. Frei nach dem Motto: Besser ein bisschen Zielorientierung als gar keine Zielorientierung." Ob wir diese Ziele gemeinsam als Leser und Autorin erreicht haben, vermag ich allein von meiner Seite aus nicht zu beurteilen. Ich habe mich nach Festlegung der Ziele in den Prozess des Schreibens begeben, hatte die Ziele im Blick und war bemüht, diese zu erreichen, soweit ich meinen Teil dazu beitragen kann. Ich würde mich freuen, wenn das Buch einen kleinen Beitrag dazu leisten kann, etwas mehr Zielorientierung in psychotherapeutische Behandlungen zu integrieren.

Literatur

„Law of the Instrument". (2023, Oktober 04). *Wikipedia – Die freie Enzyklopädie*. Bearbeitungsstand: 19:39 UTC. https://de.wikipedia.org/w/index.php?title=Law_of_the_Instrument&oldid=237881510. Zugegriffen am 20.08.2024, 07:21 UTC.

If you have any concerns about our products,
you can contact us on
ProductSafety@springernature.com

In case Publisher is established outside the EU,
the EU authorized representative is:
**Springer Nature Customer Service Center GmbH
Europaplatz 3, 69115 Heidelberg, Germany**

Printed by Libri Plureos GmbH
in Hamburg, Germany